CODE
DE LA ROUTE
2020-2021

Nathan

Textes : Thierry Orval
Coordination artistique : Vincent Rioult
Mise en page : Alinéa
Illustrations : Pauline Clavel, Tania Tourjansky

92 avenue de France 75013 PARIS
978-2-09-167007-2

Entraînez-vous avec des questions en vidéo !

Elles sont repérées dans le sommaire et au fil des pages par ce logo :

Comment faire ? C'est facile !

1. Téléchargez l'application gratuite **Nathan Live !**, disponible dans l'AppStore et GooglePlay sur votre smartphone ou votre tablette.

2. Ouvrez l'application. Flashez une page du sommaire. La liste des ressources apparaît. Cliquez sur celle qui vous intéresse.

L'application nécessite une connexion Internet.

Sommaire

Nathan live! Accèdez à toutes les questions en vidéo.

Mode d'emploi

Pour concevoir ce Code de la route et assurer votre succès à l'examen du permis de conduire, Nathan a apporté tout son savoir-faire pédagogique.
Les parties sont organisées pour que vous compreniez et reteniez le code de la route. Chaque double page porte ainsi sur un seul sujet.

Chaque chapitre comprend 4 parties :

- **1. Les infos** **J'apprends le contenu du texte**
- **2. Au volant** **Je visualise les situations**
- **3. A retenir** **Je révise les éléments indispensables à connaître**
- **4. Le test** **Je contrôle mes connaissances et m'entraîne en situation d'examen**

À la fin du manuel un **test complet** est proposé pour une préparation optimale.

À chaque partie est associée une couleur pour un repérage plus aisé.

Le titre annonce le thème de la double page et l'introduction en souligne l'importance.

Les mots essentiels sont passés à la couleur pour attirer l'attention.

1 La circulation routière

Les règles de l'arrêt

L'arrêt ou le stationnement d'un véhicule doit s'effectuer de manière à ne pas gêner la circulation des autres usagers ni à les mettre en danger.

Arrêt
Le véhicule est immobilisé pour un court moment dans le but de permettre la descente ou la montée de passagers et/ou le chargement ou déchargement de ceux-ci. Le conducteur doit se tenir à proximité de son véhicule pour pouvoir le déplacer en cas de nécessité.

Stationnement
Le véhicule est arrêté sans lien avec la montée ou la descente de personnes, un chargement ou un déchargement. Le véhicule est également considéré en stationnement si le conducteur attend une personne plusieurs minutes ou s'il s'éloigne momentanément de son véhicule.

Manœuvre
Le conducteur peut faire une marche arrière, un demi-tour (en pleine chaussée ou à une intersection) ou un quart de tour lorsqu'il tourne perpendiculairement à la chaussée.
Dans tous ces cas, il doit veiller à ne pas gêner la circulation, avertir de ses intentions en utilisant son clignotant, réduire son allure pour manœuvrer et céder le passage aux piétons et aux autres véhicules.

Attention

Trois types de stationnement
Trois types de stationnement s'offrent au conducteur :

en créneau : le conducteur se gare en marche arrière parallèlement au trottoir

en bataille : il se gare perpendiculairement au trottoir, de préférence en marche arrière

en épi : le conducteur se gare en biais

44

Arrêt et stationnement — AU VOLANT

ÉPI
Le stationnement en épi est matérialisé par un marquage au sol mais il laisse libre le conducteur de se garer en marche avant ou arrière même si la seconde solution est recommandée.

CRÉNEAU
Lorsqu'aucun marquage au sol ne matérialise les emplacements, le conducteur doit veiller à ne pas laisser trop d'espace avec les véhicules qui l'entourent pour libérer de la place.

BATAILLE
Le conducteur est libre de choisir mais se garer en marche arrière est recommandé pour permettre ensuite de quitter l'emplacement dans le sens de circulation et de bénéficier ainsi d'une parfaite visibilité.

45

La rubrique « **Attention** » relève un point particulier, un complément d'information, qui peuvent jouer de mauvais tour le jour de l'examen. Parfois s'y ajoutent des panneaux qui sont sélectionnés à titre d'exemple, vous les retrouvez tous légendés à la fin du livre.

Les photos illustrent le thème avec un commentaire approprié.

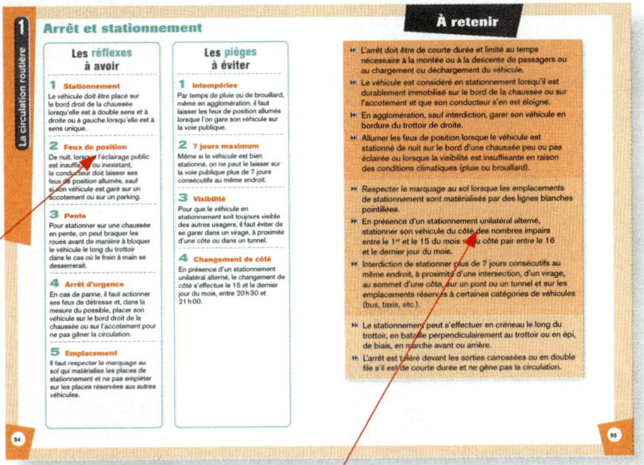

1 La circulation routière

Arrêt et stationnement

Les réflexes à avoir

1 Stationnement
Le véhicule doit être placé sur le bord droit de la chaussée lorsqu'elle est à double sens et à droite ou à gauche lorsqu'elle est à sens unique.

2 Feux de position
De nuit, lorsque l'éclairage public est insuffisant ou inexistant, le conducteur doit laisser ses feux de position allumés, sauf si son véhicule est garé sur un accotement ou sur un parking.

3 Pente
Pour stationner sur une chaussée en pente, on peut braquer les roues avant de manière à bloquer le véhicule le long du trottoir dans le cas où le frein à main se desserrerait.

4 Arrêt d'urgence
En cas de panne, il faut actionner ses feux de détresse et, dans la mesure du possible, placer son véhicule sur le bord droit de la chaussée ou sur l'accotement pour ne pas gêner la circulation.

5 Emplacement
Il faut respecter le marquage au sol qui matérialise les places de stationnement et ne pas empiéter sur les places réservées aux autres véhicules.

Les pièges à éviter

1 Intempéries
Par temps de pluie ou de brouillard, même en agglomération, il faut laisser les feux de position allumés lorsque l'on gare son véhicule sur la voie publique.

2 7 jours maximum
Même si le véhicule est bien stationné, on ne peut le laisser sur la voie publique plus de 7 jours consécutifs au même endroit.

3 Visibilité
Pour que le véhicule en stationnement soit toujours visible des autres usagers, il faut éviter de se garer dans un virage, à proximité d'une côte ou dans un tunnel.

4 Changement de côté
En présence d'un stationnement unilatéral alterné, le changement de côté s'effectue le 15 et le dernier jour du mois, entre 20 h 30 et 21 h 00.

À retenir

- L'arrêt doit être de courte durée et limité au temps nécessaire à la montée ou à la descente de passagers ou au chargement ou déchargement du véhicule.
- Le véhicule est considéré en stationnement lorsqu'il est durablement immobilisé sur le bord de la chaussée ou sur l'accotement et que son conducteur s'en est éloigné.
- En agglomération, sauf interdiction, garer son véhicule en bordure du trottoir de droite.
- Allumer les feux de position lorsque le véhicule est stationné de nuit sur le bord d'une chaussée peu ou pas éclairée ou lorsque la visibilité est insuffisante en raison des conditions climatiques (pluie ou brouillard).
- Respecter le marquage au sol lorsque les emplacements de stationnement sont matérialisés par des lignes blanches pointillées.
- En présence d'un stationnement unilatéral alterné, stationner son véhicule du côté des nombres impairs entre le 1er et le 15 du mois et du côté pair entre le 16 et le dernier jour du mois.
- Interdiction de stationner plus de 7 jours consécutifs au même endroit, à proximité d'une intersection, d'un virage, au sommet d'une côte, sur un pont ou un tunnel et sur les emplacements réservés à certaines catégories de véhicules (bus, taxis, etc.).
- Le stationnement peut s'effectuer en créneau le long du trottoir, en bataille perpendiculairement au trottoir ou en épi, de biais, en marche avant ou arrière.
- L'arrêt est toléré devant les sorties carrossées ou en double file s'il est de courte durée et ne gêne pas la circulation.

54 55

Sous la forme d'un tableau, les bons réflexes et les pièges à éviter.

Les principaux éléments à retenir sont présentés dans un texte par ordre décroissant d'importance, matérialisé par la gradation du fond couleur.

1 La circulation routière

Tests

1 La ligne discontinue m'autorise à doubler.
A OUI B NON

2 Après ce panneau :
– l'arrêt est toléré A OUI B NON
– le stationnement est toléré C OUI D NON

3 Le panneau m'avertit que je m'engage :
A sur une route à sens unique.
B sur une autoroute.

4 J'attends le feu vert pour tourner à droite.
A OUI B NON

5 Je peux stationner à cet endroit.
A OUI B NON

6 La voie de droite est :
A une voie sans issue.
B une voie de détresse.

7 Je peux tourner à droite :
A OUI B NON

8 À la prochaine intersection, je céderai le passage :
– à droite A OUI B NON
– à gauche C OUI D NON

9 L'avertisseur de changement de file :
A avertit d'une sortie de voie involontaire
B signale un usager dans l'angle mort
C allume automatiquement les clignotants

10 La route est :
A à sens unique.
B réservée aux taxis.

11 Le véhicule de gauche n'est pas concerné par le feu rouge et peut avancer.
A OUI B NON

12 Il n'y a aucun véhicule à proximité, je peux passer sans m'arrêter.
A OUI B NON

56 57

Ce test porte sur l'entraînement à la partie qui vient d'être étudiée. Il permet de vérifier partie par partie votre score et votre préparation.

Les réponses se trouvent au bas de la double page, à l'envers.

Panneaux routiers

Savoir lire la signalisation
Les panneaux d'indication
Les panneaux de direction
Les panneaux de danger
Les panneaux d'obligation
Les panneaux d'interdiction
La signalisation temporaire
Les balises

Marquage au sol

Les lignes
Les flèches au sol
Voies de circulation

Signalisation lumineuse

Les feux tricolores
Les flèches
et feux clignotants
Les autres feux
Les forces de l'ordre

Arrêt et stationnement

Les règles de l'arrêt
Le stationnement en agglomération
Les zones de stationnement
Le stationnement interdit
Le stationnement
hors agglomération

TESTS

1

La circulation routière

Savoir lire la signalisation

La forme et la couleur des panneaux avisent le conducteur de la nature et de l'importance de l'information donnée.

Fonction des panneaux

La signalisation verticale est matérialisée par l'implantation de panneaux sur l'accotement. Elle remplit **plusieurs objectifs** :
- informer ;
- indiquer une direction ;
- alerter de la proximité d'un danger ;
- donner une instruction impérative.

Forme

Les panneaux sont répartis en **5 catégories selon leur objet** :
- carré : indication ;
- rectangle : localisation ;
- rectangle biseauté : direction ;
- triangle : danger ou intersection ;
- rond : obligation ou interdiction.

Couleur

En plus de sa forme, **la couleur du panneau lui donne une signification**.

Panneau rond :
- le fond bleu indique une obligation ;
- le pourtour rouge indique une interdiction.

Panneau triangulaire ou rectangulaire biseauté :
- permanent si son fond est blanc ;
- provisoire si son fond est jaune.

Attention

Complément d'information

La signalisation est parfois complétée par un panonceau, placé sous le panneau, et/ou un idéogramme intégré au panneau.

Le stationnement est interdit aux véhicules de transport de marchandises

L'accès est interdit aux véhicules dont le poids total autorisé en charge (PTAC) est supérieur à 4,5 t

Risque de heurt avec un véhicule lent en montée

Sens interdit sauf pour les cyclistes

Panneaux routiers

ARRÊT OBLIGATOIRE

Même si la circulation est fluide, il faut impérativement marquer l'arrêt à la hauteur de la ligne blanche.

DOUBLE LECTURE

Le conducteur doit lire simultanément la signalisation en place pour comprendre que la chaussée est rétrécie et interdite aux véhicules de plus de 7 t.

ACCÈS AUTOROUTE

Le panonceau accolé au panneau principal informe le conducteur de la direction à suivre pour accéder à l'autoroute.

Les panneaux d'indication

De forme carrée et de couleur bleue, les panneaux d'indication sont implantés à proximité du lieu auquel ils se rapportent.

Conduite

Les symboles permettent au conducteur de visualiser rapidement l'information qui lui est donnée.

Service

Les panneaux de service donnent au conducteur des informations qui ne portent pas directement sur sa conduite mais sur l'agrément de son trajet. **Tous les emplacements dédiés aux secours sont systématiquement signalés.**

Autoroute

À l'approche d'une barrière de péage, plusieurs panneaux renseignent le conducteur sur les modalités de paiement correspondant à chaque file.

Attention

Quelques panneaux

Circulation à sens unique

Vitesse conseillée à 30 km/h

Voie sans issue ou impasse

Poste d'appel téléphonique

Poste de secours

Paiement par carte bancaire

Panneaux routiers

DEUX INFORMATIONS

À 200 m, le conducteur trouvera une aire de pique-nique ainsi qu'un point d'information touristique.

AFFECTATION DES VOIES

À 2,5 km, la chaussée est munie de 4 voies réparties dans les deux sens de circulation pour permettre les dépassements en toute sécurité.

AIRES DE STATIONNEMENT

Différents parkings sont spécialement aménagés pour accueillir des catégories spécifiques de véhicules.

Les panneaux de direction

La forme et la couleur des panneaux avisent le conducteur de la nature et de l'importance de l'information qui lui est donnée.

Triple information

Les panneaux de direction informent le conducteur de la proximité d'une intersection, des agglomérations desservies et du type de voie sur laquelle il circule.

Couleur

Le fond des panneaux de direction est **de couleur différente selon le réseau emprunté** :
– bleu : itinéraire sur autoroute ;
– vert : itinéraire entre villes importantes ;
– blanc : itinéraire entre villes secondaires ;
– jaune : itinéraire provisoire (déviation pour travaux, itinéraire bis) ;
– marron : site touristique.

Attention

Cartouche et encart

Généralement, un cartouche (ou un encart) complète le panneau de direction avec une couleur différente selon la catégorie de la route concernée :

E	Réseau européen
N	Réseau national
A	Réseau autoroutier
D	Réseau départemental
C	Réseau communal
R	Réseau rural
F	Réseau forestier

Panneaux routiers

DIRECTION

Le conducteur circule sur la départementale 607 avec l'indication du kilométrage à parcourir jusqu'à l'agglomération choisie.

AFFECTATION DES VOIES

L'autoroute se scinde en deux et les panneaux permettent aux conducteurs de placer leur véhicule selon l'affectation des voies bien avant la séparation de la chaussée.

PRÉSIGNALISATION

Le panneau sur fond vert indique qu'une partie de l'itinéraire peut se faire sur autoroute alors que celui sur fond blanc se contente de donner une direction sans distance.

Les panneaux de danger

Le conducteur doit impérativement ralentir et faire preuve de prudence à la vue de panneaux triangulaires qui annoncent la proximité d'un danger potentiel.

Implantation

Ces panneaux, triangulaires avec une bordure rouge, sont implantés **bien avant que le conducteur aborde la zone concernée**. Ils sont installés :
- 50 m avant le danger en agglomération ;
- 150 m avant le danger hors agglomération ;
- 200 m avant le danger sur autoroute.

Nature du danger

Ces panneaux peuvent prévenir de la **configuration** de la route (virage), de son état (chaussée glissante) ou de **son environnement** (chute de pierres, présence d'animaux sauvages…), mais aussi des **règles de priorité**.

Passage à niveau

Les passages à niveau font l'objet d'une signalisation particulière qui informe le conducteur de la nature de l'infrastructure qu'il va rencontrer.

Attention

Quelques panneaux

Virage à gauche

Chaussée particulièrement glissante

Cassis ou dos-d'âne

Cédez le passage aux véhicules venant de droite

Barrières à fonctionnement manuel

Passage à niveau sans barrière ni demi-barrière

Panneaux routiers

DANGER PARTICULIER

Lorsqu'aucun panneau ne correspond au danger encouru, le triangle est accompagné d'un panonceau qui en précise la nature.

VIRAGES SUCCESSIFS

Sur 1 km, le conducteur sait qu'il va successivement rencontrer un virage à droite puis un virage à gauche.

CHUTE DE PIERRES

La nature du danger que le conducteur est susceptible de rencontrer est indiquée 150 m au moins avant l'endroit concerné.

Les panneaux d'obligation

Le conducteur peut être dans l'obligation de circuler dans des conditions particulières, soit en suivant un parcours imposé, soit en se voyant interdire une partie de la chaussée.

⏭ Implantation

L'obligation débute à la hauteur du panneau et se termine soit à l'intersection suivante, soit à la signalisation qui y met fin. Le conducteur est tenu de se conformer aux instructions données. L'obligation peut être directement écrite sur le panneau.

⏭ Voie réservée

Seuls les usagers et les véhicules symbolisés sur le panneau peuvent accéder à la voie concernée.

⏭ Fin d'obligation

Pour informer le conducteur de la fin de l'obligation, le même panneau barré transversalement d'un trait rouge est implanté.

Attention

Quelques panneaux

De forme ronde sur fond bleu, les panneaux d'obligation fixent les conditions de circulation que le conducteur doit respecter.

Obligation de tourner à gauche

Direction à droite obligatoire à la prochaine intersection

Contournement obligatoire de l'obstacle par la droite

Vitesse minimale obligatoire de 30 km/h

Voie réservée aux véhicules de transport en commun des services réguliers

Fin de la vitesse minimale obligatoire de 30 km/h

Panneaux routiers

DIRECTION OBLIGATOIRE

Le conducteur n'a pas le choix et doit suivre le sens de circulation indiqué par la flèche.

PASSER À DROITE

L'obstacle sur la chaussée doit obligatoirement être contourné dans le sens indiqué par la flèche.

FIN D'OBLIGATION

La bande rouge transversale indique que l'obligation, pour les cyclistes, d'emprunter la bande cyclable est levée et informe les conducteurs de leur retour sur la chaussée.

Les panneaux d'interdiction

Les panneaux ronds avec un pourtour rouge indiquent les manœuvres que le conducteur ne doit en aucun cas exécuter.

⏭ Application

L'interdiction débute **à l'aplomb du panneau** et se poursuit **jusqu'à l'intersection suivante ou jusqu'au panneau levant cette interdiction**. Un panonceau complète parfois l'information pour préciser soit la distance à partir de laquelle l'interdiction s'applique, soit l'étendue de l'interdiction, soit la catégorie de véhicule concernée.

⏭ Accès interdit

Le symbole matérialisé sur le panneau indique la catégorie d'usagers qui n'a pas le droit d'emprunter la voie concernée.

⏭ Manœuvre interdite

Le panneau indique la direction vers laquelle le conducteur ne peut pas se diriger.

⏭ Fin d'interdiction

Le même panneau d'interdiction sur fond blanc barré d'un trait noir indique la fin de l'interdiction.

Attention

Quelques panneaux

Vitesse limitée à 50 km/h à 500 m

Interdiction de dépasser sur 15 km

Interdiction de faire demi-tour jusqu'à la prochaine intersection incluse

Sens interdit

Interdiction de tourner à droite sauf pour les cyclistes

Fin de limitation de la vitesse à 60 km/h

Panneaux routiers

STATIONNEMENT INTERDIT

Le panonceau complète l'information et précise que l'interdiction de stationner s'applique des deux côtés de la chaussée alors même qu'un seul panneau est présent.

INTERDICTIONS MULTIPLES

Sur un même poteau de signalisation, le conducteur est informé que la voie empruntée est limitée à 50 km/h et interdite aux véhicules de plus de 3,5 t ou d'une hauteur supérieure à 2,1 m.

RÉPÉTITION

En cas de danger important ou de risque de confusion, la signalisation peut être répétée pour s'assurer que le conducteur a bien compris le message.

La signalisation temporaire

En cas de travaux, la signalisation permanente peut être provisoirement modifiée par la mise en place de panneaux généralement posés à même le sol.

⏭ Caractère prioritaire

Les panneaux provisoires, de couleur jaune, **priment sur la signalisation permanente**. Ils doivent être respectés même s'ils dérogent aux conditions de circulation habituellement définies par les panneaux permanents.

⏭ Danger

La signalisation de danger temporaire est de forme identique à celle de la signalisation permanente, mais le fond du panneau est de couleur jaune. Pour préciser la nature du danger ou pour informer le conducteur avant qu'il arrive sur les lieux, les panneaux temporaires sont **souvent complétés par des panonceaux**.

⏭ Vitesse réduite

Même si aucun panneau provisoire ne réduit la vitesse maximale habituelle sur la portion de route concernée, **le conducteur doit de lui-même** réduire sa vitesse, maintenir une bonne distance de sécurité avec les véhicules qui le précèdent et prendre garde à l'état de la chaussée.

⏭ Fin de signalisation

La fin de la signalisation provisoire est indiquée par le même panneau que celui qui supprime toutes les interdictions.

Attention

Quelques panneaux

La signalisation temporaire déroge aux conditions habituelles de circulation à l'endroit où elle est implantée et implique une grande prudence de la part du conducteur.

Mise en place d'une signalisation lumineuse provisoire

Le panonceau précise la nature du danger (boue).

Réduction des voies à 500 m

Fin de la signalisation temporaire

Panneaux routiers

TRAVAUX

Il faut impérativement ralentir à la vue d'un panneau indiquant des travaux pour assurer la sécurité du personnel du chantier.

PROJECTION DE GRAVILLONS

Le conducteur est informé que la route abordée comporte des gravillons susceptibles d'être projetés.

DANGER PARTICULIER

La nature du danger provisoire est indiquée par un panonceau lorsqu'il n'existe pas de signalisation correspondant au risque.

Les balises

La signalisation verticale n'est pas uniquement composée de panneaux : des balises aident également les conducteurs à visualiser certains endroits susceptibles de les exposer à un danger.

Repère d'intersection

Hors agglomération, des balises implantées aux angles d'une intersection permettent au conducteur de **bien discerner le carrefour** et de ne pas être surpris. Certains virages sont signalés par des chevrons orientés dans le sens du virage.

Signalisation d'obstacle

Une balise implantée devant un obstacle proche de la route (rocher, mur, etc.) alerte les conducteurs sur le **risque de collision**. Son revêtement fluorescent s'illumine, la nuit, dans le faisceau des feux des véhicules.

Attention

Quelques balises

Les balises complètent les panneaux et le marquage au sol ; elles jalonnent la chaussée aux endroits qui pourraient s'avérer dangereux.

Balise d'intersection : implantée aux 4 coins d'une intersection, elle permet de la visualiser.

Balise de virage : implantée le long du virage, elle souligne la courbure du virage.

Chevrons orientés : le sens du dessin montre l'orientation du virage.

Tête d'îlot : sa flèche indique le côté vers lequel l'obstacle doit être contourné.

Panneaux routiers

INTERSECTION

Pour améliorer la visibilité d'une intersection, hors agglomération, des balises peuvent être implantées aux quatre coins du carrefour.

OBSTACLE

La présence d'un petit obstacle à proximité de la chaussée est systématiquement signalée par une bande rétroréfléchissante pour inciter le conducteur à se déporter.

BIFURCATION

Une balise de musoir accompagne le marquage au sol (zébras) en cas de séparation de la chaussée avec deux flèches directionnelles opposées.

Panneaux routiers

Les réflexes à avoir

1 Danger
Le conducteur doit systématiquement ralentir à la vue d'un panneau de signalisation de forme triangulaire, synonyme de danger.

2 Complément d'information
Il faut bien lire les panonceaux car ils précisent l'information donnée par le panneau principal.

3 Dos-d'âne
À l'approche d'un ralentisseur, la vitesse doit être réduite à 30 km/h à la hauteur du panneau annonçant sa proximité même si aucun panneau de limitation de vitesse n'est implanté.

4 Stationnement gênant
Il est interdit de stationner devant un panneau de signalisation si son véhicule risque de le masquer.

5 Vitesse réduite
Le passage devant un panneau de localisation, qui informe de l'entrée en agglomération, implique automatiquement la réduction de la vitesse maximale autorisée à 50 km/h (sauf signalisation spécifique).

Les pièges à éviter

1 Absence de panneau
L'interdiction d'arrêt et de stationnement peut être simplement matérialisée par un trait jaune sur le bord du trottoir sans qu'aucun panneau ne soit implanté.

2 Vitesse obligatoire
La vitesse indiquée sur un panneau d'obligation n'est pas la limite à ne pas dépasser mais, au contraire, celle à laquelle le conducteur doit circuler.

3 Signalisation provisoire
La mise en place d'une signalisation temporaire peut bouleverser les précédentes conditions de circulation et surprendre le conducteur habitué à emprunter un itinéraire.

4 Application immédiate
Le panneau triangulaire informant du double sens de circulation d'une route est le seul panneau de danger qui est placé à l'endroit concerné lorsqu'il n'est pas accompagné d'un panonceau de distance.

À retenir

- La forme et la couleur d'un panneau permettent de connaître immédiatement la nature de l'information donnée :
  △ triangle : danger permanent (fond blanc et bordure rouge) ou provisoire (fond jaune) ;
  ○ rond : interdiction (fond blanc et bordure rouge) ou obligation (fond bleu) ;
  ▭ rectangle biseauté : direction ;
  ▭ rectangle : localisation.
- Les panneaux d'interdiction et d'obligation prennent effet à la hauteur de leur implantation et prennent fin à l'intersection suivante ou au panneau de fin d'interdiction ou d'obligation.
- Les panneaux de danger, de forme triangulaire, sont placés 150 m avant la zone concernée hors agglomération et 50 m avant en agglomération.

- Traditionnellement en tôle, les panneaux peuvent désormais être lumineux (ampoules à leds) mais ils gardent la même signification.
- La couleur des panneaux de direction varie selon la nature de l'axe concerné : bleu (autoroute) ; vert (ville importante) ; blanc (desserte locale) ; jaune (déviation ou itinéraire bis) ; marron (site touristique).
- Le panonceau installé sous un panneau le complète en apportant des informations sur son application (distance, étendue, catégorie de véhicule concernée, etc.).
- La signalisation provisoire prévaut sur la signalisation permanente et peut modifier les règles habituelles de circulation.

Les lignes

La plupart des routes et autoroutes du réseau français sont pourvues d'un marquage au sol qu'il est impératif de bien connaître, car, parfois, aucun panneau n'est implanté.

Ligne de rive

Les routes et les autoroutes disposent d'une ligne de rive sur le bord droit de la chaussée :

– sur route, elle sépare la voie de circulation de l'accotement par un trait discontinu qui autorise le conducteur à la franchir pour se ranger sur l'accotement ;

– sur autoroute, elle sépare la voie de droite de la bande d'arrêt d'urgence dont l'accès est interdit sauf nécessité absolue.

Ligne continue

Le trait blanc continu **interdit au conducteur de changer de voie**. Son chevauchement et son franchissement sont strictement interdits. Il est autorisé de **chevaucher** la ligne continue pour dépasser un cycliste mais exclusivement si la visibilité le permet.

Ligne discontinue

Les pointillés, très écartés (10 m d'espacement), indiquent que le conducteur peut **franchir la ligne** pour effectuer une manœuvre de dépassement ou pour changer de direction.

Ligne d'avertissement

ou de dissuasion

Une ligne pointillée avec des traits très rapprochés (1,3 m d'espacement) se rencontre :

– à l'approche d'une ligne continue ;

– sur une route sinueuse, pour permettre le dépassement de véhicules lents.

Attention

Ligne mixte

Lorsqu'une ligne continue jouxte une ligne discontinue, le conducteur doit respecter celle qui est la plus proche de lui.

Marquage au sol

DÉPASSEMENT INTERDIT

Même si la visibilité semble suffisante, toute manœuvre de dépassement d'un véhicule autre qu'un cycle est interdite en présence d'une ligne continue.

INTERDICTION UNILATÉRALE

Le conducteur ne peut ni chevaucher ni franchir la ligne continue car la ligne pointillée autorisant une telle manœuvre se trouve dans l'autre sens de circulation.

DÉPASSEMENT TOLÉRÉ

Le caractère rapproché des pointillés informe le conducteur qu'un dépassement est certes possible mais qu'il ne doit porter que sur les véhicules lents.

Les flèches au sol

Les changements de direction sont fréquemment indiqués par des flèches au sol de couleur blanche qui renseignent le conducteur sur la voie à emprunter pour effectuer sa manœuvre.

Flèches de rabattement

Les flèches de rabattement, toujours présentes par trois, préviennent le conducteur :
– de la proximité d'une ligne continue ;
– ou de la suppression de la voie sur laquelle il circule.
Le conducteur doit terminer sa manœuvre avant d'aborder la troisième flèche et ne plus tenter de dépassement.

Voie de stockage

Lorsque la chaussée comporte une voie réservée à un changement de direction, décalée pour ne pas gêner la circulation, des flèches indiquent le sens du virage.

Attention

Flèche directionnelle

Sur une chaussée comportant plusieurs voies, des flèches sur le sol peuvent indiquer la direction affectée à chacune d'elles. Le conducteur doit se placer sur la voie correspondant à son itinéraire. Si la route comporte plusieurs voies affectées à la même direction, en l'absence d'autres véhicules, il faut circuler sur celle qui se trouve le plus à droite.

Marquage au sol

RABATTEMENT

À la troisième flèche de rabattement, le conducteur doit impérativement être revenu sur la voie de droite car elle annonce la proximité d'une ligne continue.

AFFECTATION DES VOIES

Lorsque la chaussée est répartie en plusieurs voies, le conducteur doit se positionner sur celle correspondant à son itinéraire.

VOIES DE STOCKAGE

Pour améliorer la fluidité de la circulation et ne pas provoquer de ralentissement, des voies latérales permettent aux conducteurs de changer de direction en sécurité.

Voies de circulation

Pour fluidifier la circulation, la chaussée est parfois aménagée de façon à permettre aux conducteurs de s'insérer ou de quitter l'axe sans contraindre les autres à ralentir.

⏭ Voie réservée

Une partie de la chaussée peut être affectée à une catégorie particulière de véhicules et **matérialisée par une ligne discontinue large** :
– voie réservée aux véhicules lents (vitesse inférieure ou égale à 60 km/h) ;
– couloir de bus ;
– bande cyclable.

⏭ Voie de détresse

Sur les chaussées à forte pente, une voie matérialisée par un **damier rouge et blanc** permet aux véhicules de s'immobiliser lorsque leurs freins ne répondent plus.

⏭ Zébras

La circulation et le stationnement sont strictement interdits sur la partie de la chaussée comportant des traits parallèles.

⏭ Passage pour piétons

Les larges bandes blanches qui traversent la chaussée matérialisent le passage réservé aux piétons sur lequel un véhicule n'a le droit ni de s'arrêter ni de stationner. Le conducteur doit **toujours leur céder le passage**.

Attention

Voies d'accélération et de décélération

Sur les grands axes, la chaussée dispose généralement d'une voie supplémentaire, séparée par une large bande pointillée, permettant aux véhicules de s'insérer (voie d'accélération, à gauche) ou de sortir sans perturber la circulation (voie de décélération, à droite).

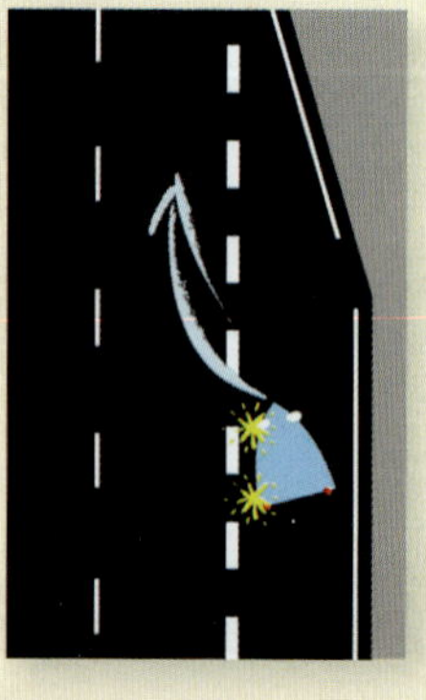

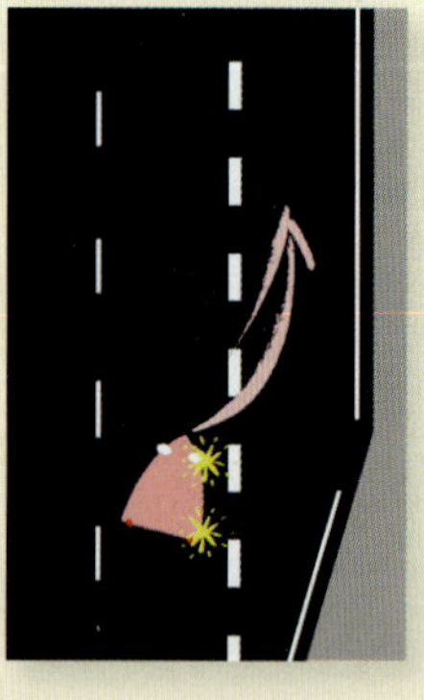

Marquage au sol

VOIE RÉSERVÉE

Dès lors que la chaussée comporte une voie qui leur est destinée, les usagers concernés doivent obligatoirement l'emprunter.

ZÉBRAS

La circulation sur les zébras est strictement interdite car assimilée au franchissement d'une ligne continue et sanctionnée comme tel.

RALENTIR

Même en l'absence de piétons visibles aux abords de la chaussée, il faut ralentir à l'approche d'un passage pour piétons.

Marquage au sol

Les réflexes à avoir

1 Ligne blanche

Lorsqu'un panneau est complété par un marquage au sol, il faut s'immobiliser à l'aplomb de ce marquage et non pas au niveau du panneau.

2 Repère visuel

En cas de visibilité réduite (forte pluie, brouillard), la ligne de rive sur le bord droit de la chaussée permet de se diriger.

3 Absence de marquage

Certaines routes secondaires peuvent n'avoir aucune ligne de rive ni aucune ligne blanche axiale. Le conducteur doit donc veiller à bien rester sur le bord droit de la chaussée.

4 Stationnement gênant

Il ne faut ni s'arrêter ni stationner sur le bord de la chaussée si les autres conducteurs sont contraints de chevaucher ou de franchir une ligne continue pour passer.

5 Manœuvre préparée

Avant de franchir une ligne discontinue, il faut s'assurer que la manœuvre de rabattement sur la voie de droite sera terminée avant qu'une ligne continue apparaisse sur la chaussée.

Les pièges à éviter

1 Voie de détresse

La bande latérale matérialisée par un damier rouge et blanc, qui permet de s'arrêter en cas de défaillance des freins, n'est pas réservée aux poids lourds.

2 Interdiction sans panneau

La seule présence d'une ligne jaune sur le bord du trottoir suffit à interdire l'arrêt ou le stationnement sans qu'il soit besoin de panneau d'interdiction.

3 Zébras interdits

Circuler sur les zébras équivaut à franchir une ligne continue et entraîne les mêmes sanctions.

4 Passage piétons surélevé

Certains passages réservés aux piétons sont légèrement surélevés et peuvent surprendre un conducteur qui arrive trop vite.

À retenir

- Ne jamais chevaucher ni franchir une ligne continue, même pour dépasser un véhicule lent. Le chevauchement de la ligne est admis pour dépasser un cycliste, si la visibilité le permet.
- Une ligne discontinue peut être franchie, pour un dépassement ou un changement de direction, mais le conducteur doit s'assurer que les conditions de circulation le lui permettent.
- En présence d'une ligne mixte, il faut tenir compte de la ligne la plus proche de son véhicule.

- Sur les routes sinueuses ou étroites, une ligne de dissuasion autorise le dépassement des véhicules lents pour fluidifier la circulation.
- Les flèches de rabattement, au nombre de 3, annoncent la proximité d'une ligne continue ou la suppression de la voie et la nécessité de se rabattre sur la voie de droite, dans la mesure du possible, dès la première flèche.
- Emprunter la voie d'accélération permettant l'accès à une voie rapide ou à une autoroute ne confère aucune priorité : il faut céder le passage.

- Circuler, s'arrêter ou stationner sur une voie réservée à d'autres catégories de véhicules (bus, vélo) est strictement interdit.
- En présence de 2 voies comportant la même flèche directionnelle, il faut toujours se placer sur celle qui se trouve le plus à droite, même pour tourner à gauche.

Les feux tricolores

Les feux tricolores déterminent l'ordre de passage des véhicules dans une intersection, permettent d'éviter les embouteillages et assurent la sécurité des personnes.

Feu vert

Le conducteur **peut passer** excepté s'il risque d'être bloqué dans l'intersection.

Feu jaune

Il ne reste allumé que quelques secondes et annonce que le feu va passer au rouge. Le conducteur doit **s'arrêter** sauf s'il y a un risque (véhicule qui suit de trop près, chaussée glissante, etc.) ou s'il se trouve trop près du feu pour pouvoir s'immobiliser.

Feu rouge

Il est impératif de **s'arrêter** à la hauteur du feu ou du marquage au sol et de ne pas empiéter sur une zone réservée à l'arrêt des cyclistes et cyclomotoristes.

Changements de direction

À une intersection, lorsque le feu est vert, le conducteur doit :
– avant de virer à droite, céder le passage aux piétons ;
– avant de virer à gauche, céder le passage aux véhicules arrivant en face et aux piétons.

Attention

S'arrêter à la ligne d'effet

Lorsque le feu tricolore est accompagné d'une ligne d'effet, il faut s'immobiliser au niveau de cette ligne et non pas à l'aplomb du feu.

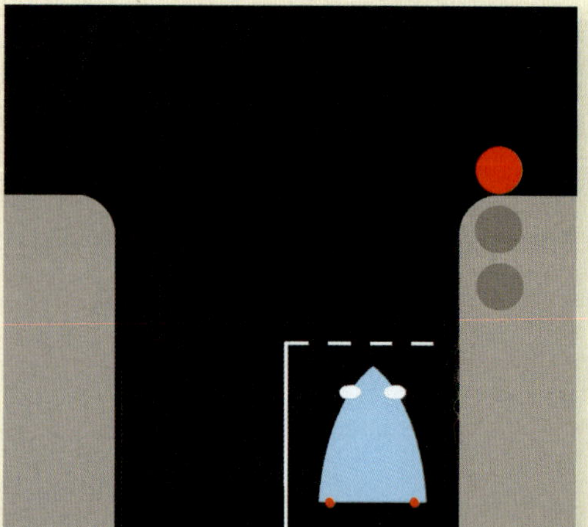

Signalisation lumineuse

PASSAGE AUTORISÉ

Le feu vert autorise le conducteur à passer mais il ne le dispense pas de faire preuve de prudence lors du franchissement de l'intersection.

ARRÊT RECOMMANDÉ

Le feu jaune informe le conducteur de l'imminence du feu rouge et lui impose de s'arrêter sauf s'il ne peut pas s'immobiliser sans danger.

ARRÊT OBLIGATOIRE

Le feu rouge impose l'arrêt du véhicule et le conducteur ne doit tenir compte du panneau que lorsque les feux ne fonctionnent pas.

Les flèches et feux clignotants

Sur certaines intersections, les traditionnels feux tricolores sont remplacés par des feux en forme de flèche ou par des feux clignotants qui conservent la même signification.

Feux fléchés

Les feux en forme de flèche sont **destinés aux véhicules qui suivent la direction des flèches**. La verte donne la priorité de passage au moment d'un changement de direction (gauche ou droite). Ces feux sont complétés par des flèches peintes sur la chaussée.
Une flèche jaune clignotante supplémentaire autorise le passage malgré le feu rouge mais ne donne pas la priorité.

Feux clignotants

Un feu jaune clignotant en bas remplace le feu vert et **annonce un danger**. Le conducteur doit respecter la signalisation ou la règle de priorité et céder le passage aux piétons. Attention, ce feu peut passer au jaune fixe et au rouge.
Parfois, le feu jaune clignote au milieu quand la circulation est peu dense. Dans ce cas et s'il n'y a pas de panneau, c'est la **règle de priorité à droite** qui s'applique. Il faut également céder le passage aux piétons.
Un feu rouge clignotant implique **l'arrêt absolu** jusqu'à son extinction (passage à niveau, pont mobile, etc.).

Attention

Ordre de passage

Chaque conducteur doit tenir compte du feu correspondant à la voie sur laquelle il se trouve. La voiture bleue doit s'arrêter. La voiture rouge peut passer.

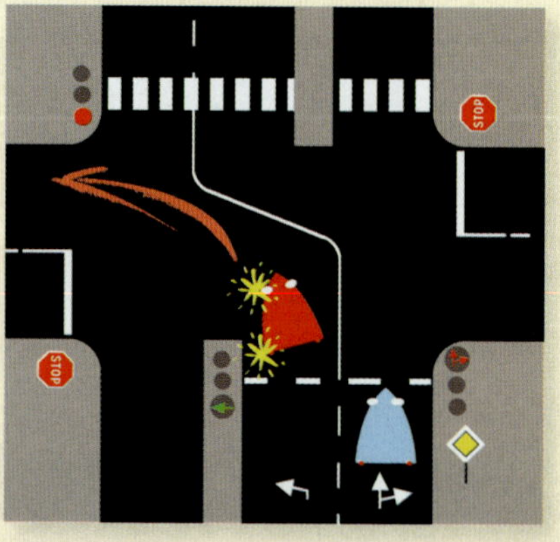

Signalisation lumineuse

DOUBLE INTERDICTION

Le marquage au sol et la signalisation lumineuse organisent l'ordre de passage des véhicules en fonction de leur direction.

ARRÊT OBLIGATOIRE

La flèche rouge a la même signification qu'un feu rouge et interdit le passage même si la circulation sur la voie abordée est totalement dégagée.

SIGNALISATIONS MULTIPLES

En présence d'une signalisation lumineuse par voie de circulation, chaque conducteur se réfère à celle affectée à sa file.

Les autres feux

D'autres feux viennent réglementer le passage aux intersections, affecter les voies de circulation ou mettre en place une circulation alternée.

Feux temporaires

Utilisé à l'occasion de travaux, un feu jaune clignotant en bas alterne la circulation. Il **remplace le feu vert** pour signifier au conducteur qu'il doit s'engager à vitesse réduite.

Feux de balisage et d'alerte

Ils préviennent d'un **danger** et incitent à la **prudence** et au ralentissement. Ils peuvent être :
– à défilement : ensemble de feux associés qui s'allument l'un après l'autre (souvent dans un virage dangereux) ;
– permanents : ils complètent alors une balise, un panneau de danger ou un panneau qui annonce une intersection ;
– temporaires : ils complètent la signalisation temporaire en attirant l'attention sur le danger annoncé sur le panneau (un feu sur chaque sommet du triangle).

Feux pour piétons

La signification est identique pour la signalisation spécifiquement destinée aux piétons. Ceux-ci doivent attendre que la silhouette verte soit allumée pour s'engager sur la chaussée. Lorsqu'il clignote, le feu avertit de son prochain passage au rouge.

Attention

Signaux d'affectation de voie

Les feux se situant au-dessus des voies réglementent séparément la circulation : un feu en forme de X rouge fixe interdit de prendre la voie qui se trouve juste dessous, alors qu'une flèche verte vers le bas permet le passage par la voie de dessous.

Signalisation lumineuse

FEUX TEMPORAIRES

La mise en place de feux provisoires permet d'organiser une circulation alternée lorsque des travaux empêchent les véhicules de se croiser.

PANNEAU MANUEL

En cas de circulation alternée ponctuelle, un préposé peut organiser le passage des véhicules grâce à un panneau comportant une face verte, autorisant le passage, et une face rouge, imposant l'arrêt.

FEU POUR PIÉTONS

La silhouette rouge interdit aux piétons de s'engager sur la chaussée mais elle ne dispense pas les conducteurs de se montrer vigilants.

Les forces de l'ordre

En toute circonstance, le conducteur doit respecter les consignes que lui donnent les forces de police et de gendarmerie sous peine de commettre un délit passible d'un retrait de 6 points.

Missions variées

En matière de circulation automobile, les forces de police et de gendarmerie remplissent plusieurs missions :
– elles s'assurent de la fluidité de la circulation ;
– elles effectuent des contrôles de papiers (permis de conduire, carte grise et attestation d'assurance) et des dépistages d'alcoolémie ou de drogue ;
– elles veillent au respect du code de la route et verbalisent les contrevenants ;
– elles sécurisent les lieux en cas d'accident matériel ou corporel.

Appliquer les consignes

Les instructions données par les policiers ou les gendarmes **doivent impérativement être respectées** même si elles contredisent la signalisation en place ou les règles de circulation. Par exemple, s'ils ordonnent de passer alors que le feu est rouge, le conducteur doit obtempérer et ne commet aucune infraction en avançant.

Signification des gestes

Les consignes sont données aux conducteurs par des **gestes qui ont chacun une signification bien précise**. À la vue d'un agent sur la chaussée, qu'il soit de face ou de dos, le conducteur doit être attentif au message :
– les deux bras écartés en travers de la route : arrêt obligatoire ;
– les deux bras écartés dans le sens de la route : passer ;
– un bras levé de face : arrêt obligatoire ;
– mouvement de bas en haut d'un bras : ralentir ;
– mouvement circulaire du bras : avancer sans ralentir.

Sanction

Quelle que soit la signalisation en place, il faut impérativement respecter les consignes données par les forces de l'ordre. Le refus de se soumettre à un contrôle expose à une amende de 3 750 euros et à la perte de 6 points. Ce qui implique, pour un jeune conducteur, l'annulation pure et simple de son permis.

Signalisation lumineuse

ARRÊT

Le policier a les bras écartés en travers de la route : il faut s'arrêter.

ARRÊT

Le policier se trouve de face et lève un bras : il faut s'arrêter.

RALENTIR

Le policier agite un bras de bas en haut : il faut simplement ralentir.

Signalisation lumineuse

Les réflexes à avoir

1 Prudence requise
Même au feu vert, avant de s'engager sur une intersection, le conducteur doit s'assurer qu'il ne restera pas bloqué au milieu du carrefour.

2 Véhicule prioritaire
Lorsqu'un véhicule prioritaire actionne ses avertisseurs sonores et lumineux, il faut lui laisser la voie libre, au besoin en passant alors que le feu est rouge.

3 Feux cachés
Aux intersections, il faut se méfier des véhicules de grande taille en stationnement ou à l'arrêt qui peuvent masquer des feux tricolores.

4 Flèches
En présence de feux tricolores fléchés sur une chaussée comportant plusieurs voies, il faut tenir compte du feu affecté à la voie sur laquelle on se trouve.

5 Zone réservée
Si la chaussée comporte une zone d'arrêt réservée aux cyclistes (sas de sécurité), le conducteur doit s'immobiliser avant et ne pas s'avancer jusqu'à l'aplomb du feu.

Les pièges à éviter

1 Feu jaune
S'engager sur une intersection alors que le feu est déjà jaune, c'est prendre le risque de passer au feu rouge et de mettre en jeu sa sécurité et celle des autres.

2 Flèche à droite
Une flèche clignotante autorisant à tourner à droite ne confère aucune priorité sur les véhicules circulant sur la chaussée abordée ni sur les piétons.

3 Panneau prioritaire
Lorsqu'un panneau de priorité est accolé à un feu tricolore, il ne faut le prendre en compte que lorsque la signalisation lumineuse ne fonctionne pas.

4 Vérifier la couleur
Avant de démarrer, il faut vérifier par soi-même que le feu est vert et ne pas se contenter de suivre les véhicules qui précèdent.

5 Feux décalés
Il faut se méfier des intersections munies de feux décalés car l'ordre de passage des files peut surprendre et induire en erreur les conducteurs.

À retenir

- Le feu vert autorise le passage mais ne dispense pas le conducteur d'aborder l'intersection avec prudence pour déceler l'éventuelle présence d'un piéton ou d'un véhicule.
- Le feu jaune annonce l'imminence du feu rouge et reste allumé de 3 à 5 secondes pour éviter aux conducteurs d'être surpris.
- Le feu rouge, qu'il soit fixe ou clignotant, implique toujours l'arrêt complet du véhicule.

- Lorsque le feu vert est remplacé par un feu jaune clignotant, le conducteur peut passer mais doit s'engager avec prudence et respecter la priorité à droite.
- Le franchissement d'un feu jaune est toléré lorsqu'il est impossible pour le conducteur de s'arrêter en toute sécurité (chaussée glissante, véhicule suivant trop près, etc.).
- Les feux tricolores fléchés ont la même signification que les feux « classiques ».

- En cas de panne de la signalisation lumineuse et en l'absence de panneaux, les conducteurs doivent appliquer la règle de la priorité à droite.
- Les instructions données par les forces de police ou de gendarmerie prévalent toujours sur la signalisation en place.
- En présence d'une ligne d'effet des feux, il faut s'immobiliser à la hauteur des pointillés et non pas à l'aplomb du feu.

Les règles de l'arrêt

L'arrêt ou le stationnement d'un véhicule doit s'effectuer de manière à ne pas gêner la circulation des autres usagers ni à les mettre en danger.

Arrêt

Le véhicule est immobilisé pour un court moment dans le but de permettre la descente ou la montée de passagers et/ou le chargement ou déchargement de ceux-ci. Le conducteur doit **se tenir à proximité de son véhicule** pour pouvoir le déplacer en cas de nécessité.

Stationnement

Le véhicule est arrêté sans lien avec la montée ou la descente de personnes, un chargement ou un déchargement. Le véhicule est également considéré en stationnement si le conducteur attend une personne plusieurs minutes ou s'il s'éloigne momentanément de son véhicule.

Manœuvre

Le conducteur peut faire une marche arrière, un demi-tour (en pleine chaussée ou à une intersection) ou un quart de tour lorsqu'il tourne perpendiculairement à la chaussée.
Dans tous ces cas, il doit veiller à **ne pas gêner la circulation, avertir de ses intentions** en utilisant son clignotant, réduire son allure pour manœuvrer et **céder le passage aux piétons et aux autres véhicules**.

Attention

Trois types de stationnement

Trois types de stationnement s'offrent au conducteur :

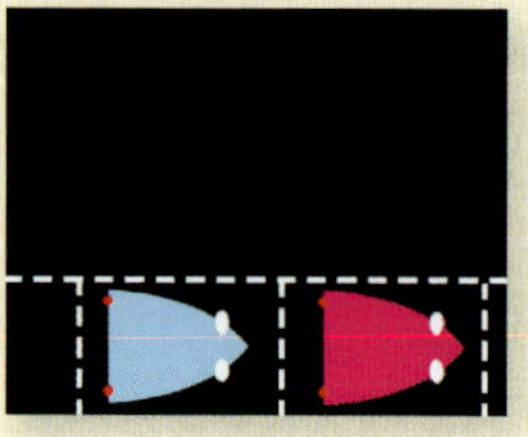

en créneau : le conducteur se gare en marche arrière parallèlement au trottoir

en bataille : il se gare perpendiculairement au trottoir, de préférence en marche arrière

en épi : le conducteur se gare en biais

Arrêt et stationnement

ÉPI

Le stationnement en épi est matérialisé par un marquage au sol mais il laisse libre le conducteur de se garer en marche avant ou arrière même si la seconde solution est recommandée.

CRÉNEAU

Lorsqu'aucun marquage au sol ne matérialise les emplacements, le conducteur doit veiller à ne pas laisser trop d'espace avec les véhicules qui l'entourent pour libérer de la place.

BATAILLE

Le conducteur est libre de choisir mais se garer en marche arrière est recommandé pour permettre ensuite de quitter l'emplacement dans le sens de circulation et de bénéficier ainsi d'une parfaite visibilité.

Le stationnement en agglomération

Les règles de stationnement doivent être respectées de jour et de nuit avec le souci permanent de ne pas gêner la circulation.

De jour

Un stationnement ou un arrêt de jour doit s'effectuer dans le sens de la circulation, sauf indications contraires. Le conducteur se gare le long du trottoir, du côté droit sur une route à double sens, du côté droit ou gauche sur une chaussée à sens unique.

De nuit

Dans un lieu bien éclairé et si l'éclairage fonctionne toute la nuit, le véhicule peut être stationné sans feux allumés le long du trottoir. Si l'éclairage public est faible ou inexistant, le conducteur doit laisser ses feux de position ou de stationnement allumés. Lorsque le véhicule est garé dans un lieu de stationnement (parking), il n'est pas nécessaire d'utiliser les feux de stationnement ou de position.

Intempéries

Par temps de pluie et de brouillard, le véhicule en stationnement sur la chaussée doit être signalé par ses **feux de position**.

Attention

Respecter le marquage au sol

Lorsqu'un marquage au sol matérialise les places de stationnement, il faut veiller à ne pas empiéter sur plusieurs emplacements.

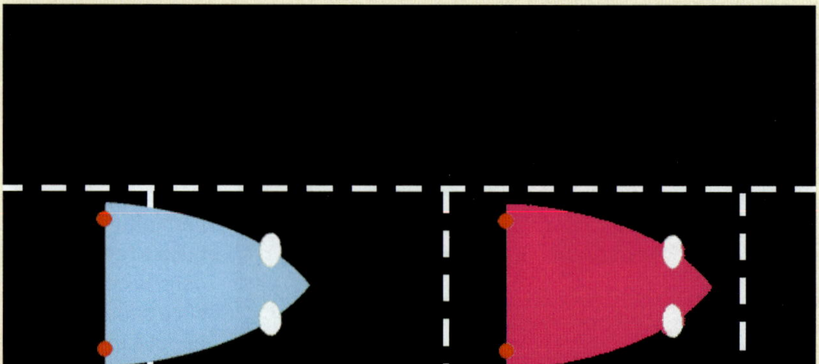

Arrêt et stationnement

SENS DE CIRCULATION

Même si le marquage au sol permet de traverser la chaussée, dans la mesure du possible, il est conseillé de se garer dans son sens de circulation.

VÉHICULE ÉCLAIRÉ

L'éclairage public dispense le conducteur d'avoir à signaler la présence de son véhicule en stationnement sur la voie publique.

EMPLACEMENT RESERVÉ

Les places de stationnement réservées aux personnes handicapées ne doivent en aucun cas être occupées par les autres conducteurs, même pour une très courte durée.

Les zones de stationnement

En agglomération, le stationnement est fréquemment réglementé, soit pour en limiter la durée, soit pour le limiter à certaines parties de la chaussée.

Ce disque doit être apposé derrière le pare-brise pour stationner dans une zone bleue, généralement matérialisée par un marquage au sol de couleur bleue.

Zone à stationnement gratuit.

Zone à stationnement payant : la présence d'un parcmètre suffit à indiquer que le stationnement est payant. Il arrive aussi que le mot « Payant » soit inscrit sur la chaussée.

Zone à stationnement réglementé : stationnement unilatéral à alternance semi-mensuelle :
– 1re quinzaine : le stationnement est autorisé du côté impair ;
– 2e quinzaine : le stationnement est autorisé du côté pair.
Le changement de côté s'effectue le 15 du mois entre 20 h 30 et 21 h 00.

Entrée d'une zone à stationnement de durée limitée, avec contrôle par disque (zone bleue).

Arrêt et stationnement

HORODATEUR

Le symbole présent sur le panneau informe les usagers du caractère payant de la zone de stationnement.

STATIONNEMENT ALTERNÉ

Dans l'agglomération, les véhicules doivent être stationnés du côté des numéros impairs en le 1er et le 15 du mois puis du côté des numéros pairs ensuite.

DOUBLE INTERDICTION

Le panonceau accolé au panneau précise que l'interdiction de stationnement s'applique des deux côtés de la chaussée.

Le stationnement interdit

Les interdictions au stationnement sont classées en 3 catégories selon leur degré de gravité.

Stationnement abusif

Le stationnement sans interruption au même endroit pendant plus de 7 jours est considéré comme abusif.

La commune peut fixer une durée maximale plus courte.

Stationnement gênant

Pour ne pas gêner les autres usagers, arrêt et stationnement sont, sauf dérogation, interdits :

– sur les passages pour piétons et sur les 5 mètres qui les précédent ;

– sur les voies réservées à d'autres catégories d'usagers : cycles, autobus, piétons, trottoirs, et en bordure des bandes cyclables ;

– près des emplacements réservés à certains usagers : emplacements pour handicapés, arrêts d'autobus, stations de taxis, bouches d'incendie, etc. ;

– à proximité des feux et panneaux de signalisation si le véhicule en masque la visibilité ;

– si le véhicule gêne ou empêche l'accès ou le dégagement d'un autre véhicule arrêté ou stationné ;

– entre une ligne blanche continue et le bord de la chaussée si la largeur encore libre de la voie ne permet pas le passage d'un autre véhicule.

Stationnement dangereux

Par souci de sécurité, l'arrêt et le stationnement sont, sauf dérogation, interdits :

– à proximité des virages, des sommets de côte, des intersections et des passages à niveau ;

– sous et sur les ponts ;

– dans les tunnels ou les passages souterrains.

Tolérance

Il est interdit de stationner, mais l'arrêt est autorisé en double file devant les garages, les entrées carrossables et sur les emplacements réservés aux livraisons ou à la recharge des accumulateurs des véhicules électriques.

Dérogation

Les communes peuvent, par arrêté municipal, autoriser le stationnement à certaines heures (généralement la nuit) sur :

– les emplacements réservés à l'arrêt ou au stationnement des véhicules de transport public, des taxis ou des véhicules affectés à un service public ;

– les ponts, dans les passages souterrains, tunnels et sous les passages supérieurs ;

– les emplacements réservés à l'arrêt ou au stationnement des véhicules de livraison ;

– et dans les aires piétonnes.

Les conducteurs sont avisés par des panneaux et/ou un marquage au sol.

Arrêt et stationnement

DOUBLE FILE

Même pour une très courte durée, un stationnement en double file sur la chaussée perturbe fortement la circulation des autres usagers.

RUE BLOQUÉE

Quelles que soient sa taille et sa fréquentation, une voie ouverte à la circulation ne doit jamais être bloquée par un véhicule en stationnement.

ARRÊT DE BUS

Les zébras jaunes implantés devant un arrêt de bus interdisent l'arrêt et le stationnement à cet emplacement.

Le stationnement hors agglomération

Même en dehors des agglomérations, le conducteur qui se gare doit veiller à ce que son véhicule ne gêne pas la circulation et ne constitue pas un obstacle.

De jour

Dans la mesure du possible, le conducteur doit garer ou stationner son véhicule sur **l'accotement droit de la chaussée** pour ne pas occuper la chaussée ni gêner la circulation.
Si le stationnement est impossible sur la droite, il peut utiliser l'accotement gauche mais ne doit en aucun cas empiéter sur la chaussée.
Si la route ne présente pas d'accotement disponible, le véhicule est garé sur la chaussée dans le sens de la circulation, sauf interdictions.

De nuit

Le stationnement est possible sur l'accotement sans qu'il soit nécessaire au conducteur d'allumer ses feux de position.
En revanche, pour se garer sur la chaussée, le conducteur doit laisser allumés ses feux de position ou sa plaque d'immatriculation, même s'il existe un éclairage public.
Le non-respect de cette règle est passible d'une suppression de 3 points sur le permis de conduire.

Attention

Aire de stationnement

Le conducteur doit, dans la mesure du possible, immobiliser son véhicule sur la première partie de l'aire.
Il disposera ainsi de suffisamment de place pour accélérer, lorsqu'il repartira, de manière à pouvoir s'insérer facilement dans la circulation.

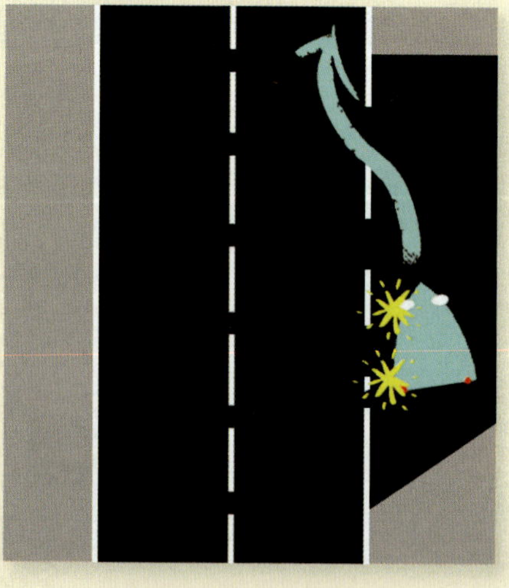

Arrêt et stationnement

ACCOTEMENT

Pour ne pas gêner la circulation, le véhicule doit être placé sur l'accotement et ne pas empiéter sur la chaussée.

VISIBILITÉ

À défaut d'accotement, s'il n'est pas possible de choisir un meilleur emplacement, il faut privilégier une ligne droite afin de permettre aux autres usagers de bien distinguer le véhicule.

SIGNALISATION

Il faut impérativement garer son véhicule suffisamment loin de la signalisation pour permettre aux autres usagers d'en prendre connaissance.

Arrêt et stationnement

Les réflexes à avoir

1 Stationnement

Le véhicule doit être placé sur le bord droit de la chaussée lorsqu'elle est à double sens et à droite ou à gauche lorsqu'elle est à sens unique.

2 Feux de position

De nuit, lorsque l'éclairage public est insuffisant ou inexistant, le conducteur doit laisser ses feux de position allumés, sauf si son véhicule est garé sur un accotement ou sur un parking.

3 Pente

Pour stationner sur une chaussée en pente, on peut braquer les roues avant de manière à bloquer le véhicule le long du trottoir dans le cas où le frein à main se desserrerait.

4 Arrêt d'urgence

En cas de panne, il faut actionner ses feux de détresse et, dans la mesure du possible, placer son véhicule sur le bord droit de la chaussée ou sur l'accotement pour ne pas gêner la circulation.

5 Emplacement

Il faut respecter le marquage au sol qui matérialise les places de stationnement et ne pas empiéter sur les places réservées aux autres véhicules.

Les pièges à éviter

1 Intempéries

Par temps de pluie ou de brouillard, même en agglomération, il faut laisser les feux de position allumés lorsque l'on gare son véhicule sur la voie publique.

2 7 jours maximum

Même si le véhicule est bien stationné, on ne peut le laisser sur la voie publique plus de 7 jours consécutifs au même endroit.

3 Visibilité

Pour que le véhicule en stationnement soit toujours visible des autres usagers, il faut éviter de se garer dans un virage, à proximité d'une côte ou dans un tunnel.

4 Changement de côté

En présence d'un stationnement unilatéral alterné, le changement de côté s'effectue le 15 et le dernier jour du mois, entre 20 h 30 et 21 h 00.

À retenir

- L'arrêt doit être de courte durée et limité au temps nécessaire à la montée ou à la descente de passagers ou au chargement ou déchargement du véhicule.
- Le véhicule est considéré en stationnement lorsqu'il est durablement immobilisé sur le bord de la chaussée ou sur l'accotement et que son conducteur s'en est éloigné.
- En agglomération, sauf interdiction, garer son véhicule en bordure du trottoir de droite.
- Allumer les feux de position lorsque le véhicule est stationné de nuit sur le bord d'une chaussée peu ou pas éclairée ou lorsque la visibilité est insuffisante en raison des conditions climatiques (pluie ou brouillard).

- Respecter le marquage au sol lorsque les emplacements de stationnement sont matérialisés par des lignes blanches pointillées.
- En présence d'un stationnement unilatéral alterné, stationner son véhicule du côté des nombres impairs entre le 1er et le 15 du mois et du côté pair entre le 16 et le dernier jour du mois.
- Interdiction de stationner plus de 7 jours consécutifs au même endroit, à proximité d'une intersection, d'un virage, au sommet d'une côte, sur un pont ou un tunnel et sur les emplacements réservés à certaines catégories de véhicules (bus, taxis, etc.).

- Le stationnement peut s'effectuer en créneau le long du trottoir, en bataille perpendiculairement au trottoir ou en épi, de biais, en marche avant ou arrière.
- L'arrêt est toléré devant les sorties carrossées ou en double file s'il est de courte durée et ne gêne pas la circulation.

1 La circulation routière

1

La ligne discontinue m'autorise à doubler.

A OUI **B** NON

2

Après ce panneau :

– l'arrêt est toléré **A** OUI **B** NON

– le stationnement est toléré **C** OUI **D** NON

3

Le panneau m'avertit que je m'engage :

A sur une route à sens unique.

B sur une autoroute.

4

J'attends le feu vert pour tourner à droite.

A OUI **B** NON

5

Je peux stationner à cet endroit.

A OUI **B** NON

6

La voie de droite est :

A une voie sans issue.

B une voie de détresse.

1 B / 2 B et D / 3 A / 4 B / 5 B / 6 B

7

Je peux tourner à droite :

A OUI

B NON

8

À la prochaine intersection, je cèderai le passage :

– à droite — A OUI — B NON

– à gauche — C OUI — D NON

9

L'avertisseur de changement de file :

A avertit d'une sortie de voie involontaire

B signale un usager dans l'angle mort

C allume automatiquement les clignotants

10

La route est :

A à sens unique.

B réservée aux taxis.

11

Le véhicule de gauche n'est pas concerné par le feu rouge et peut avancer.

A OUI

B NON

12

Il n'y a aucun véhicule à proximité, je peux passer sans m'arrêter.

A OUI

B NON

7 A / 8 A et D / 9 A / 10 A / 11 B / 12 B

Environnement

L'installation du conducteur
L'installation des passagers
Les documents administratifs

Santé et conduite

La vue
La fatigue
Tabac, drogue et médicaments
L'alcool
Le dépistage de l'alcoolémie

Les accidents

L'accident matériel
L'accident corporel

TESTS

2

Le conducteur

L'installation du conducteur

Le conducteur doit être bien installé pour utiliser aisément les commandes du véhicule (pédales, volant, etc.), avoir une vision optimale de la route et éviter la fatigue.

⏭ Vêtements

Même pour un trajet court, le conducteur doit être parfaitement libre de ses mouvements pour être en mesure de réagir vite en cas d'urgence. En hiver, par exemple, il est déconseillé de conduire avec un manteau épais, des bottes de neige ou des gants.

⏭ Siège et dossier

Il faut s'asseoir au fond du siège et le régler de façon à pouvoir appuyer sur la pédale d'embrayage, la jambe légèrement pliée et le talon en contact avec le plancher du véhicule. Le dos est collé au dossier du siège qui doit être réglé de manière que, bras tendu, le poignet repose sur le haut du volant. Les épaules ne doivent pas décoller du dossier.

⏭ Rétroviseurs

Particulièrement utiles à la conduite, les rétroviseurs doivent être réglés avec le plus grand soin. Le rétroviseur intérieur doit être positionné de manière à voir la totalité de la vitre arrière en n'ayant que la tête à bouger. Les rétroviseurs extérieurs sont réglés de façon à apercevoir la poignée des portes arrière (l'aile arrière pour les voitures à 3 portes) sans être obligé de bouger du siège.

⏭ Ceinture de sécurité

Le port de la ceinture est obligatoire sauf dispense médicale (qu'il faut présenter à chaque contrôle) sous peine d'être sanctionné par une amende de 135 euros et un retrait de 3 points. Elle doit être tendue et plate :
– la sangle thoracique, qui passe en travers du torse, doit appuyer sur la clavicule ;
– la sangle abdominale doit reposer sur le haut des cuisses.

⏭ Kit mains libres

Afin de préserver l'audition du conducteur, qui doit rester attentif à son environnement, il lui est désormais interdit de porter des oreillettes, des écouteurs ou un casque audio. Ce qui implique l'impossibilité d'utiliser un kit mains libres pour téléphone.

Environnement

RÉTROVISION

Le bon ajustement des rétroviseurs est indispensable pour s'assurer une parfaite vision de l'arrière.

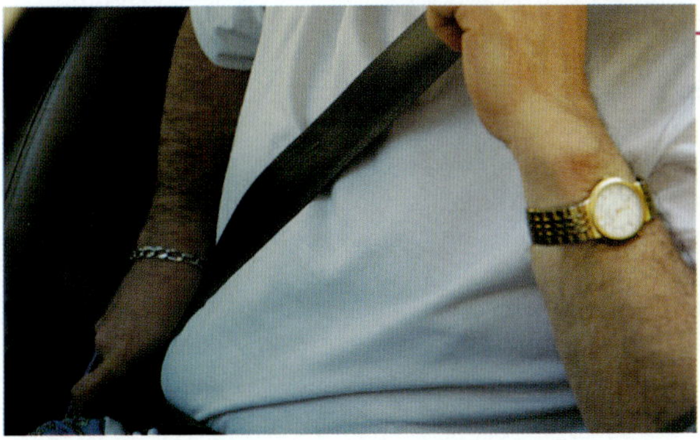

CEINTURE

Le port de la ceinture est non seulement obligatoire mais aussi absolument indispensable pour assurer sa sécurité.

TABLEAU DE BORD

Si le véhicule comporte un réglage en hauteur du siège conducteur, il faut l'ajuster de manière à voir la totalité des cadrans du tableau de bord.

L'installation des passagers

Le conducteur est personnellement responsable des occupants de son véhicule s'ils ont moins de 18 ans.

Passagers ceinturés

Le port de la ceinture est obligatoire pour tous les occupants du véhicule, qu'ils soient installés à l'avant ou à l'arrière. Le conducteur encourt une amende de 135 euros (sans retrait de points) si ses passagers de moins de 18 ans n'ont pas bouclé leur ceinture. Les passagers majeurs sont personnellement sanctionnés. Depuis le 1er janvier 2008, une place équipée d'une ceinture de sécurité ne peut être équipée que par une seule personne, quel que soit son âge.

Enfants

Les enfants de moins de 10 ans doivent être installés dans des dispositifs homologués :

– de 0 à 9 mois (moins de 9 kg), ils sont transportés dans un porte-bébé dos à la route à l'arrière ou à l'avant (sauf en cas d'Airbag non déconnectable) ;

– de 9 mois à 3 ou 4 ans (de 9 à 15 kg), ils sont sanglés dans un siège face à la route ;

– de 3 ou 4 ans à 10 ans (dès 15 kg), ils sont installés sur un rehausseur et attachés avec la ceinture de sécurité.

Un enfant de moins de 10 ans peut être assis à l'avant si toutes les places arrière sont occupées par d'autres enfants de moins de 10 ans. À partir de 10 ans, l'enfant n'est plus tenu d'utiliser un dispositif homologué ni d'être installé à l'arrière si sa taille lui permet d'utiliser la ceinture de sécurité.

Attention

Transporter un animal

Pour transporter un animal dans l'habitacle, par mesure de sécurité, il est recommandé de le placer dans une cage ou de l'isoler derrière une barrière.
L'installer à côté du conducteur est déconseillé car son comportement peut surprendre.

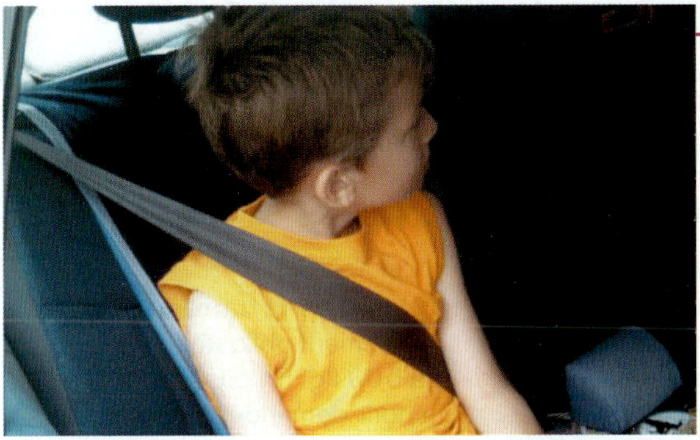

ENFANTS

Les enfants de moins de 10 ans doivent être installés à l'arrière dans des sièges homologués selon leur âge et leur taille.

ANIMAL

Dans la mesure du possible, un animal de grande taille doit être transporté dans le coffre ou sur la banquette arrière du véhicule.

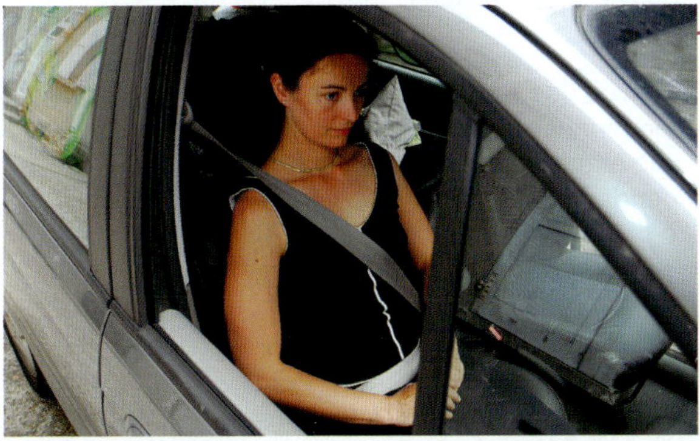

PASSAGER

Avant de démarrer, le conducteur doit exiger de ses passagers qu'ils bouclent leur ceinture de sécurité.

Les documents administratifs

Dès lors qu'il circule sur la voie publique, le conducteur doit être en mesure de présenter son permis de conduire et les papiers du véhicule.

Permis de conduire

Le conducteur doit posséder le permis de conduire correspondant au véhicule utilisé. Les apprentis conducteurs sont tenus de présenter leur livret d'apprentissage.

Certificat d'immatriculation

Il faut **toujours pouvoir présenter l'original de la carte grise**. Ce document, délivré par la préfecture, est également obligatoire pour les remorques dont le PTAC est supérieur à 500 kg. En cas de changement d'adresse, le propriétaire a 1 mois pour demander une nouvelle carte grise.

Attestation d'assurance

La loi fait obligation au conducteur d'assurer son véhicule et de présenter une attestation en cas de contrôle de police. La vignette d'assurance en cours de validité doit être **apposée sur le pare-brise**.

Certificat de contrôle technique

Pour les véhicules concernés, le passage au contrôle technique est attesté par **un timbre apposé sur la carte grise** avec la mention A (pas de contre-visite), S (contre-visite nécessaire) ou R (non roulant). Un macaron est collé sur le pare-brise et indique la date de la prochaine visite.

Oubli des papiers

La non-présentation immédiate des papiers est sanctionnée par une amende forfaitaire de 11 euros avec obligation de les présenter dans les 5 jours au commissariat ou à la gendarmerie sous peine de voir l'amende forfaitaire portée à 135 euros.

Perte des papiers

En cas de perte ou de vol, une déclaration doit être effectuée sans tarder auprès de la gendarmerie ou du commissariat. Un récépissé de dépôt de plainte ou une attestation de perte est remis, qui tient lieu de permis de conduire pendant 2 mois et de carte grise pendant 1 mois.

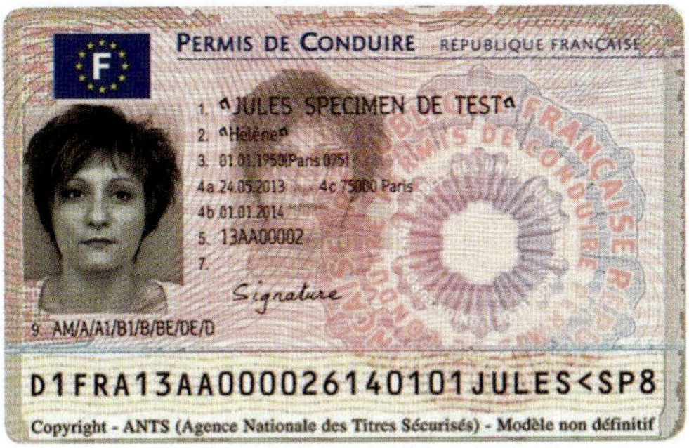

PERMIS

Le nouveau permis, renouvelable tous les 15 ans, contient une puce électronique et une bande de lecture optique. Il remplacera progressivement les anciens modèles d'ici 2033.

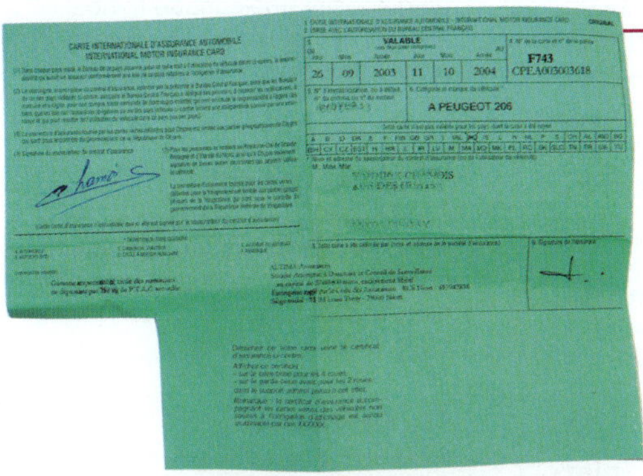

ASSURANCE

La détention de l'attestation d'assurance est obligatoire ainsi que le macaron, à jour, apposé sur le bord du pare-brise.

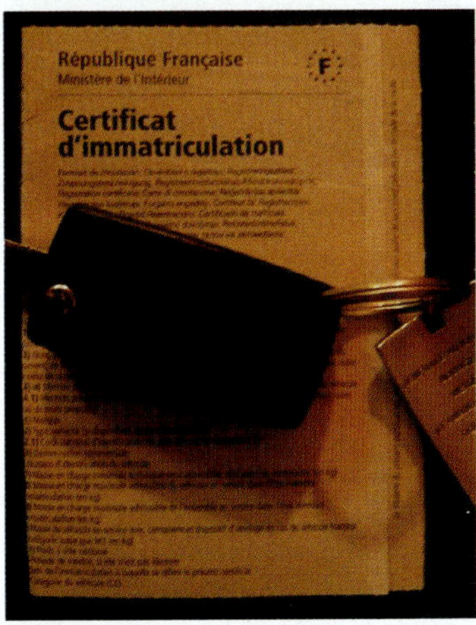

CARTE GRISE

Un particulier n'est pas autorisé à circuler avec une photocopie du certificat d'immatriculation du véhicule (sauf location de courte durée).

Environnement

Les réflexes à avoir

1 Installation

Avant de démarrer, même pour un court trajet, le conducteur doit être correctement installé et doit vérifier que ses rétroviseurs sont convenablement réglés.

2 Transport d'enfants

Les enfants de moins de 10 ans doivent être assis dans un dispositif spécialement adapté à leur poids et à leur âge.

3 Rétroviseur

Il faut régler le rétroviseur intérieur de manière à voir le bas de la vitre arrière sans se soulever du siège.

4 Volant

Il faut toujours tenir le volant à deux mains, sur sa moitié supérieure, et ne le lâcher que pour les changements de vitesses.

5 Perte ou vol des papiers

Il est indispensable de déposer plainte ou de faire une déclaration de perte au commissariat ou à la gendarmerie pour obtenir un récépissé tenant lieu de document administratif provisoire.

Les pièges à éviter

1 Vêtements gênants

Des vêtements trop épais ou trop longs risquent d'entraver les mouvements du conducteur et de l'empêcher de manœuvrer correctement en toute circonstance.

2 Ceinture tendue

Il ne faut pas tenter de détendre la ceinture en la bloquant avec un dispositif quelconque (pince à linge, épingle) car elle devient alors totalement inefficace en cas de choc.

3 Chargement

Les objets placés à l'intérieur du véhicule ne doivent pas obstruer le champ de vision du conducteur ni risquer de bouger dans les virages ou lors des freinages.

4 Originaux

Il est obligatoire de présenter les originaux et non pas des photocopies des papiers en cas de contrôle des forces de l'ordre.

5 Assurance obligatoire

Le propriétaire d'un véhicule inutilisé est en infraction s'il ne l'assure pas dès lors que ce véhicule se trouve sur la voie publique.

À retenir

- ⏭ Les dispositifs homologués pour le transport des enfants sont classés en 3 catégories selon leur poids et leur âge : de 0 à 9 mois (moins de 9 kg) ; de 9 mois à 3 ou 4 ans (de 9 à 15 kg) ; de 3 ou 4 ans à 10 ans (dès 15 kg).
- ⏭ Ne jamais installer un porte-bébé sur le siège du passager avant si le véhicule est équipé d'un sac gonflable (Airbag) non désactivé.

- ⏭ Les enfants de moins de 10 ans doivent toujours s'installer sur les places arrière à moins qu'elles soient déjà occupées par d'autres enfants de moins de 10 ans.
- ⏭ À partir de l'âge de 10 ans, un enfant peut occuper le siège du passager avant si sa corpulence lui permet d'être parfaitement maintenu par la ceinture de sécurité sans avoir recours à un rehausseur.
- ⏭ La ceinture de sécurité est obligatoire pour tous les occupants du véhicule et doit être tendue et non vrillée sur le torse en passant sur la clavicule et sur le haut des cuisses.

- ⏭ Ne jamais utiliser de dispositif de blocage pour détendre la ceinture de sécurité sous peine de la rendre totalement inefficace en cas de choc.
- ⏭ Ne circuler qu'avec les originaux de son permis de conduire, de la carte grise du véhicule et de l'attestation d'assurance.
- ⏭ Bien régler sa position de conduite de manière à être en mesure d'effectuer toutes les manœuvres et de regarder dans les rétroviseurs sans bouger du fond de son siège.
- ⏭ Éviter de conduire avec des vêtements épais ou encombrants pour conserver toute sa liberté de manœuvre ; éviter de placer sur la plage arrière des objets susceptibles d'obstruer le champ de vision.

La vue

Une bonne vue est indispensable au volant pour bien distinguer la route et son environnement afin de pouvoir prendre les bonnes décisions en toute circonstance.

Acuité minimale

Pour les permis A, B et E (B), l'acuité visuelle doit être **au minimum de 5 sur 10** lorsque les deux yeux sont ouverts, et après correction éventuelle avec des lunettes ou des verres de contact. Si l'un des deux yeux a une acuité visuelle inférieure à 1/10, l'autre doit avoir un minimum de 6/10.

Conduite

Pour une conduite en toute sécurité, il faut regarder loin devant et balayer les abords de la chaussée pour anticiper le danger : intersection, véhicule arrêté sur le bas-côté, etc.

Par temps de grand soleil, une paire de lunettes de soleil permet d'éviter les éblouissements. En revanche, de nuit, il ne faut jamais utiliser de lunettes de soleil ni de verres correcteurs teintés.

Attention

Mention sur le permis

Si l'obligation du port de lunettes (« verres correcteurs ») est mentionnée sur le permis, le conducteur n'a pas le droit de conduire sans elles. Lorsque l'on porte des lentilles (« verres de contact »), il est également recommandé d'avoir une paire de lentilles ou de lunettes de rechange.

LUNETTES

Il est recommandé aux porteurs de lunettes de toujours disposer d'une paire de rechange dans le véhicule.

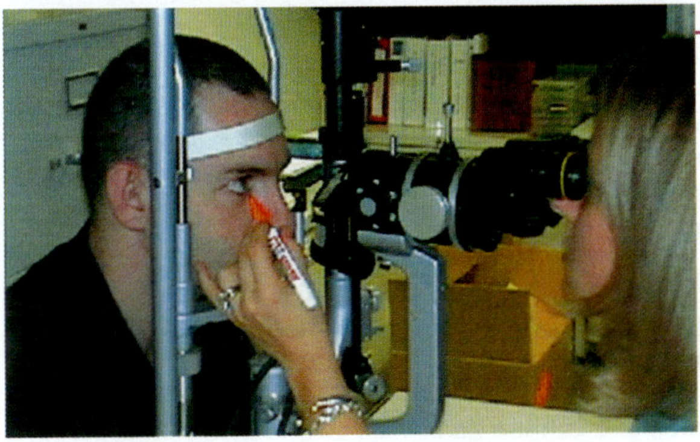

EXAMEN

Un contrôle complet de la vision est recommandé une fois par an même sans trouble apparent.

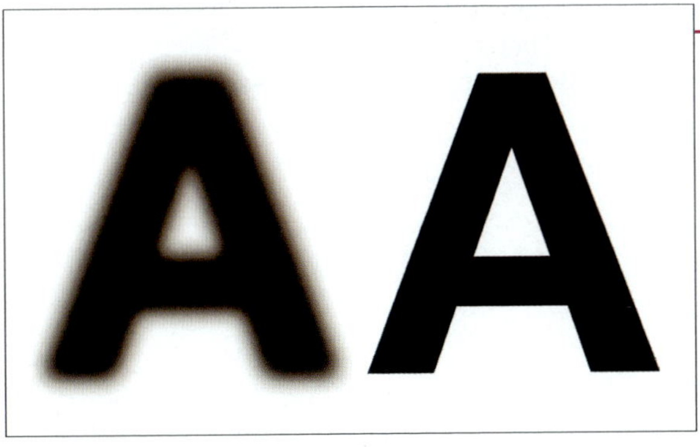

PANNEAU

Avant de consulter un ophtalmologue, on peut vérifier soi-même l'état de sa vision en lisant le tableau lettre chez un opticien.

La fatigue

La fatigue au volant multiplie par 4 le risque d'accident car le conducteur ne s'aperçoit pas toujours de son état et risque de s'endormir.

⏭ Causes multiples

Un automobiliste enrhumé, fatigué, stressé, qui a trop ou pas assez mangé est susceptible de s'endormir en conduisant. Une route monotone et peu fréquentée, une luminosité excessive ou, à l'inverse, une conduite de nuit, de mauvaises conditions météo, l'absence de passager sont autant de causes de fatigue.

⏭ Signes

Ils sont nombreux : bâillements fréquents, besoin incessant de changer de position, douleurs dans la nuque, le cou et les épaules, tête lourde, picotements dans les yeux. Les signes de fatigue se traduisent aussi par l'impression que les autres conduisent mal.

⏭ Conséquences

Un conducteur fatigué devient nerveux, anxieux. Il augmente inconsciemment sa vitesse alors que ses gestes sont moins prompts et beaucoup moins précis. La vision devient approximative et réduite, une sensation d'éblouissement est possible. Le danger est important : **la fatigue multiplie par 4 le risque d'accident**, car un état de somnolence peut amener le conducteur à s'assoupir au volant.

⏭ Mesures à prendre

Pour limiter les risques, des mesures simples peuvent être appliquées :
- bien se reposer avant le départ puis faire de fréquentes pauses durant le trajet ;
- éviter de partir après une journée de travail ;
- éviter la nourriture trop grasse et ne pas boire d'alcool ;
- ne pas prendre de médicaments pouvant entraîner une somnolence ;
- régler soigneusement sa position de conduite ;
- réduire la température dans l'habitacle ;
- écouter de la musique, la radio ou parler avec les passagers.

Santé et conduite

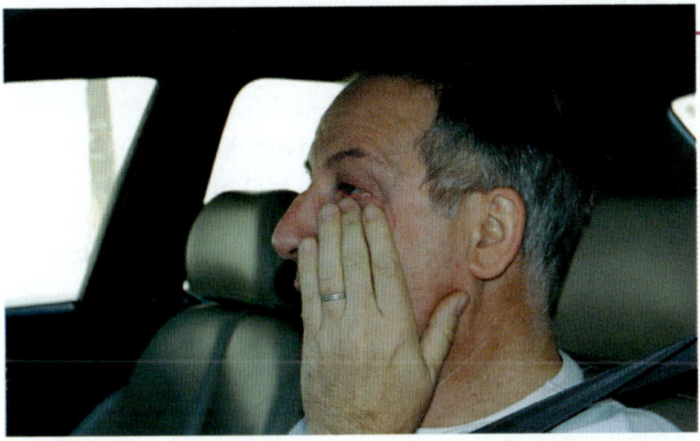

FATIGUE

Rien ne sert de lutter contre la fatigue : il faut impérativement s'arrêter aux premiers signes annonciateurs.

COMPORTEMENT

L'irritabilité est l'un des signes de fatigue chez un conducteur alors même qu'il n'est pas d'un naturel agressif en temps ordinaire.

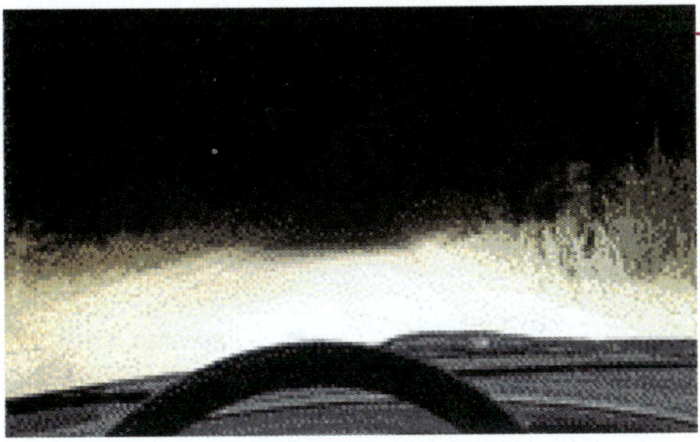

RISQUE AGGRAVÉ

La conduite nocturne chez un conducteur fatigué décuple les risques d'avoir un accident grave.

Tabac, drogue et médicaments

Fumer une cigarette, consommer des produits stupéfiants ou simplement suivre un traitement médical peut gravement altérer les capacités du conducteur.

⏭ Tabac

Il est **déconseillé de fumer en conduisant**. Non seulement les gestes que fait le conducteur en fumant diminuent son attention, mais ils favorisent les risques d'accident. La cigarette provoque également une intoxication qui accélère la fatigue, occasionne une augmentation du temps de réaction et réduit les capacités visuelles.

⏭ Stupéfiants

La consommation de drogue est **incompatible avec la conduite**. Les effets psychomoteurs sont plus marqués et donc plus dangereux que l'alcool. Fumer deux cigarettes de haschich diminue les facultés du conducteur de manière équivalente à un taux d'alcool de 0,5 g/litre de sang.
En cas de dépistage positif, les sanctions encourues sont lourdes : 4 500 euros d'amende et 2 ans de prison.

⏭ Médicaments

Certains médicaments, même anodins et délivrés sans ordonnance, peuvent avoir **un effet néfaste sur la conduite**. Il est important de se renseigner auprès du pharmacien ou du médecin et de bien lire la notice avant la consommation, et surtout avant de prendre le volant.
La prise de médicaments avec de l'alcool s'avère très dangereuse et multiplie considérablement les risques d'accident.

Attention

Boîtes de médicaments

Un pictogramme imprimé sur les boîtes de médicaments, même vendus sans ordonnance, alerte sur les risques encourus en cas de conduite.

Santé et conduite

TABAC

Un conducteur qui fume au volant est systématiquement moins vigilant.

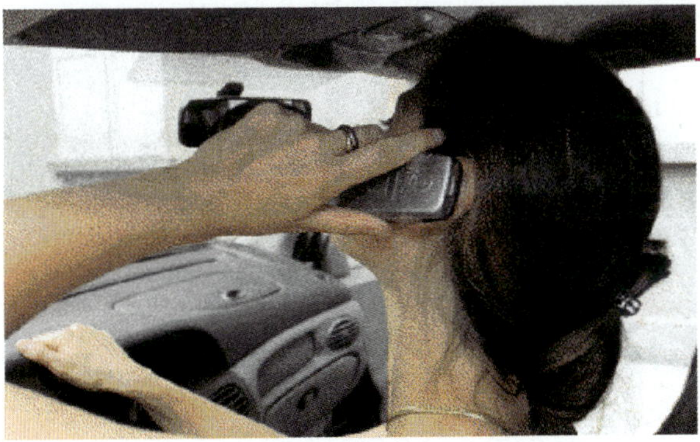

TÉLÉPHONE INTERDIT

Le conducteur qui utilise un téléphone est passible d'un retrait de trois points sur son permis de conduire.

DROGUE

La consommation de drogue non seulement nuit à la santé du conducteur mais réduit considérablement ses capacités.

L'alcool

Il existe désormais deux taux légaux d'alcoolémie selon l'ancienneté du permis de conduire.

Deux taux légaux

Pour les conducteurs novices, titulaires d'un permis depuis moins de 3 ans (2 ans en cas d'apprentissage anticipé à la conduite), le taux légal d'alcoolémie est fixé à 0,2 g par litre de sang.
Pour les autres conducteurs, le taux légal est fixé à 0,5 g/l.

Effets sur le conducteur

La consommation d'alcool avant la conduite **diminue le champ de vision et augmente la sensibilité à l'éblouissement**. Les distances et les largeurs ne sont plus appréciées correctement.
L'effet euphorisant que peut provoquer l'alcool amène le conducteur à commettre des erreurs (excès de vitesse, ceinture de sécurité non bouclée) ou à avoir un comportement agressif et brutal à l'égard des autres. De plus, l'alcool **diminue considérablement les réflexes**, et le conducteur surestime ses capacités à conduire tout en sous-estimant les dangers.

Quantité absorbée

L'alcoolémie est mesurée par la quantité d'alcool pur contenue dans 1 litre de sang et exprimée en gramme d'alcool par litre de sang (g/l) ou en milligramme d'alcool par litre d'air expiré (mg/l). Par équivalence, un taux de 0,40 g/l de sang correspond à 0,20 mg/l d'air.
Un verre de bière de 25 cl correspond à un verre de vin de 12 cl et à un verre d'alcool distillé à 40° de 3 cl. Ils contiennent environ 10 g d'alcool pur, et il suffit de 2 verres pour atteindre 0,5 g/litre de sang.

Temps d'élimination

Le taux d'alcool augmente de 0,20 g/l à 0,25 g/l après chaque verre et atteint son **maximum 1 heure après son absorption** (plus rapidement si l'on est à jeun). Ensuite, il baisse de 0,10 g/l à 0,15 g/l en 1 heure. Ce temps d'élimination varie selon les individus. La corpulence ou l'état de santé du conducteur influent directement sur la durée nécessaire à l'élimination.

Éthylotest obligatoire

Chaque conducteur doit disposer dans l'habitacle de son véhicule d'un éthylotest. Charge à lui d'en faire usage avant de prendre le volant en cas de consommation d'alcool afin de vérifier que le taux légal d'alcoolémie est respecté. L'absence d'un éthylotest neuf fait l'objet d'un simple rappel à la loi, sans contravention.
Cet auto-dépistage, destiné à responsabiliser les conducteurs, ne les dispense pas de se soumettre aux contrôles d'alcoolémie effectués par les forces de l'ordre.

BIÈRE

Un verre de 25 cl de bière à 5° suffit pour atteindre environ 0,20 g/l chez un homme de 70 kg.

VIN

Deux verres de vin suffisent pour approcher de la limite légale de 0,50 g/l.

DIGESTIF

Même en petite quantité, la consommation d'un alcool fort (40°) représente environ 10 g d'alcool pur.

Le dépistage de l'alcoolémie

Un dépistage du taux d'alcool dans le sang des conducteurs est effectué en cas d'accident, d'infraction ou lors de contrôles routiers inopinés.

⏭ Moyens de contrôle

Il en existe 4 :
– Alcootest : ballon dans lequel le conducteur souffle. L'air traverse un tube contenant un réactif jaune qui prend une couleur verte au contact de l'alcool. Le test est positif quand le changement de couleur dépasse le repère.
– Éthylotest : appareil digital simple mesurant le taux d'alcool dans l'air expiré.
– Éthylomètre : appareil homologué ayant les mêmes fonctions que l'éthylotest, utilisé en cas de dépistage positif ou de refus du conducteur de subir le dépistage.
– Prise de sang : effectuée pour des raisons identiques à celles de l'éthylomètre et aussi en cas de blessures importantes du conducteur.

Attention

Les sanctions

Les sanctions dépendent de l'alcoolémie relevée :
– entre 0,50 g/l (0,20 g/l pour les conducteurs novices) et 0,79 g/l par litre de sang (entre 0,25 mg/l et 0,39 mg/l d'air) : amende forfaitaire de 135 euros, retrait de 6 points et possible suspension du permis ;
– à partir de 0,80 g/l (0,40 mg/l) : retrait de 6 points, suspension ou annulation du permis et possibilité d'une amende de 4 500 euros et de 2 ans d'emprisonnement.

Par ailleurs :
– l'association drogue/alcool peut être punie de 9 000 euros d'amende et de 3 ans d'emprisonnement ;
– occasionner des blessures graves sous l'emprise de l'alcool peut entraîner une amende de 30 000 euros ;
– provoquer un accident mortel expose à 10 ans de prison et à 150 000 euros d'amende.

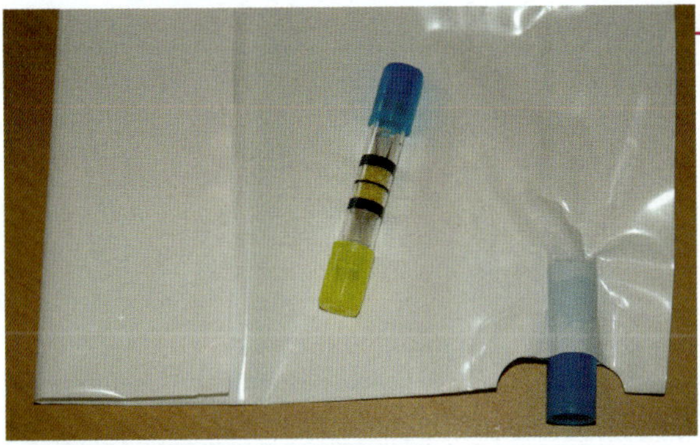

ALCOOTEST

L'air insufflé dans le ballon traverse un tube contenant un réactif chimique de couleur jaune qui vire au vert au contact de l'alcool.

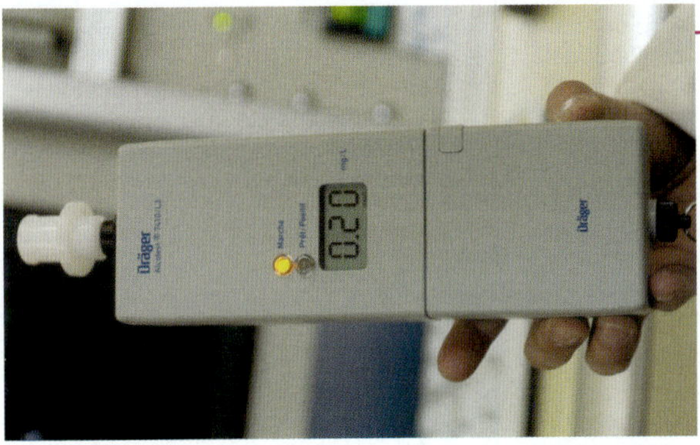

ÉTHYLOTEST

Le conducteur souffle dans un appareil électronique (dont l'embout est remplacé à chaque mesure) qui affiche directement l'alcoolémie.

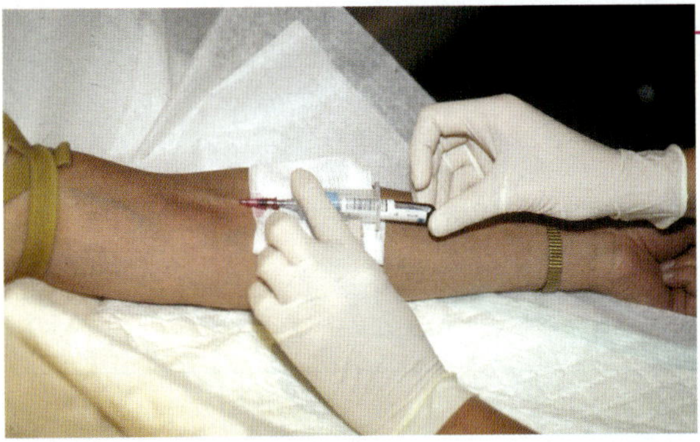

PRISE DE SANG

Une prise de sang est effectuée lorsque le conducteur refuse de se soumettre à un dépistage ou lorsqu'il est dans l'incapacité de le faire (blessé ou inconscient).

Santé et conduite

Les réflexes à avoir

1 Vue
Il est indispensable de faire contrôler sa vue régulièrement chez un ophtalmologue.

2 Tabac
Fumer au volant n'est pas interdit mais fortement déconseillé parce que le tabac nuit à la vigilance et peut allonger le temps de réaction.

3 Vigilance
Sur les longs trajets, ouvrir périodiquement une vitre permet de renouveler l'air dans l'habitacle et d'éviter de s'assoupir.

4 Pause régulière
Il ne faut pas se fixer d'heure d'arrivée et ne pas hésiter à faire une pause de 15 minutes toutes les 2 heures pour retarder les premiers signes de fatigue.

5 Pictogramme
Pour savoir si un médicament peut être consommé sans risque, il faut lire les mentions portées sur l'emballage.

Les pièges à éviter

1 Fatigue
Les signes avant-coureurs de la fatigue ne sont pas toujours perceptibles par le conducteur qui risque de s'endormir au volant sans s'en rendre compte.

2 Lunettes de soleil
Il ne faut pas porter de lunettes correctrices munies de verres teintés après le coucher du soleil pour ne pas réduire la portée de la vision.

3 Médicaments
La conduite n'est pas compatible avec certains médicaments dont la consommation favorise l'endormissement : lire la notice ou demander conseil au pharmacien.

4 Alcool
Les méfaits de l'alcool sur la conduite apparaissent dès 0,30 g/l alors même que la quantité légale maximale d'alcool est fixée à 0,50 g/l de sang.

À retenir

- L'acuité visuelle doit être d'au moins 5/10 pour les deux yeux et 6/10 pour un œil lorsque l'autre a une acuité inférieure à 1/10.
- L'alcoolémie maximale, fixée à 0,50 g par litre de sang, est abaissée à 0,20 g/l pour les titulaires d'un permis depuis moins de 3 ans (2 ans en cas d'apprentissage anticipé à la conduite).

- Vérifier la présence d'un pictogramme sur l'emballage d'un médicament et lire le mode d'emploi avant son absorption pour s'assurer qu'il n'est pas incompatible avec la conduite.
- Conserver sur soi ou dans le véhicule des lunettes ou des lentilles de contact lorsque l'on conduit avec des verres correcteurs.
- Des bâillements, une douleur dans le cou ou les épaules, des picotements dans les yeux, le besoin de bouger sur son fauteuil sont quelques-uns des signes de fatigue au volant qui doivent inciter le conducteur à s'arrêter rapidement.
- Fumer deux cigarettes de haschich diminue les capacités de conduite en produisant les mêmes méfaits qu'un taux d'alcool de 0,50 g/l.

- Le dépistage des stupéfiants est systématique en cas d'accident mortel mais également possible en cas d'accident corporel ou matériel et d'excès de vitesse.
- Éviter d'effectuer un long trajet après une journée de travail, après avoir trop mangé, bu de l'alcool ou pris des médicaments.
- Regarder au loin sur la route en balayant du regard les abords de la chaussée pour anticiper les situations à risque.

L'accident matériel

Après un accrochage, il est obligatoire de remplir un constat amiable avec l'autre conducteur pour permettre à l'assureur de déterminer les dégâts et la part de responsabilité de chacun.

Sécuriser l'endroit

Il faut rapidement avertir les autres usagers pour éviter d'autres accrochages (feux de détresse, triangle de signalisation) et, dans la mesure du possible, placer les véhicules accidentés sur le bord de la chaussée.

Rédaction

Pour remplir le constat, il est nécessaire d'avoir sur soi son permis de conduire, l'attestation d'assurance et la carte grise du véhicule. Il vaut mieux utiliser un stylo à bille afin que le double soit bien lisible. Si plus de deux véhicules sont impliqués dans l'accident, un constat doit être établi avec chacun des conducteurs. Il ne faut rien ajouter au recto après séparation des feuillets.

Verso

Le dos du constat n'est pas utilisé pour déterminer les responsabilités, mais il faut quand même le remplir si on veut apporter des précisions. Dans l'espace réservé à cet effet, le conducteur peut détailler l'accident et refaire un croquis. Il est inutile d'y indiquer une version des faits différente de celle du recto, elle ne serait pas opposable à la partie adverse.

Indemnisation

Il faut toujours refuser une offre d'arrangement (pas de constat et promesse de remboursement) et ne pas oublier que des dégâts qui semblent légers peuvent cacher des dommages plus importants. Sans constat, l'assureur ne peut rien pour son assuré. Le conducteur doit lui envoyer son exemplaire dans les 5 jours suivant l'accident.

Modèle européen

Les formulaires de constat sont identiques dans toute l'Europe et donc recevables par l'assureur même si la langue diffère ; si on utilise le modèle étranger, il faut quand même le remplir en français. Et surtout, ne pas signer d'autre document.

E-constat

Il est désormais possible d'établir un constat amiable électronique, via un smartphone, avec l'application des assureurs « e-constat auto ». Le modèle est identique à la version papier et doit être signé par les conducteurs directement sur l'écran. Une version papier leur est ensuite adressée.

Les accidents

CONSTAT AMIABLE D'ACCIDENT AUTOMOBILE

Feuillet 1/2

3 523 30 00 556 354 00

1 **Date de l'accident** | **Heure**

2 **Localisation** Pays : | lieu :

3 **Blessé(s) même léger(s)** non ☐ oui ☐

4 **Dégâts matériels à des**
véhicules autres que A et B non ☐ oui ☐
objets autres que des véhicules non ☐ oui ☐

5 **Témoins : noms, adresses et tél.**

VÉHICULE A

6 **Preneur d'assurance /assuré** (voir attestation d'assurance)
NOM :
Prénom :
Adresse :
Code Postal : Pays :
Tél. ou e-mail :

7 **Véhicule**

À MOTEUR	REMORQUE
Marque, type	
N° d'immatriculation	N° d'immatriculation
Pays d'immatriculation	Pays d'immatriculation

8 **Société d'assurance** (voir attestation d'assurance)
NOM :
N° de contrat :
N° de carte verte :
Attestation d'assurance
ou carte verte valable du : au :
Agence (ou bureau, ou courtier) :
NOM :
Adresse :
Pays :
Tél. ou e-mail :
Les dégâts matériels au véhicule sont-ils assurés par le contrat ? *non* ☐ *oui* ☐

9 **Conducteur** (voir permis de conduire)
NOM :
Prénom :
Date de naissance :
Adresse :
Pays :
Tél. ou e-mail :
Permis de conduire n° :
Catégorie (A, B, ...) :
Permis valable jusqu'au :

10 **Indiquer le point de choc initial au véhicule A par une flèche →**

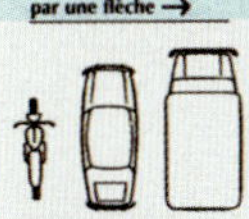

11 **Dégâts apparents au véhicule A :**

14 **Mes observations :**

12. CIRCONSTANCES

Mettre une croix dans chacune des cases utiles pour préciser le croquis
**Rayer la mention inutile*

A		B
☐ 1	* en stationnement / à l'arrêt	1 ☐
☐ 2	* quittait un stationnement / ouvrait une portière	2 ☐
☐ 3	prenait un stationnement	3 ☐
☐ 4	sortait d'un parking, d'un lieu privé, d'un chemin de terre	4 ☐
☐ 5	s'engageait dans un parking, un lieu privé, un chemin de terre	5 ☐
☐ 6	s'engageait sur une place à sens giratoire	6 ☐
☐ 7	roulait sur une place à sens giratoire	7 ☐
☐ 8	heurtait à l'arrière, en roulant dans le même sens et sur une même file	8 ☐
☐ 9	roulait dans le même sens et sur une file différente	9 ☐
☐ 10	changeait de file	10 ☐
☐ 11	doublait	11 ☐
☐ 12	virait à droite	12 ☐
☐ 13	virait à gauche	13 ☐
☐ 14	reculait	14 ☐
☐ 15	empiétait sur une voie réservée à la circulation en sens inverse	15 ☐
☐ 16	venait de droite (dans un carrefour)	16 ☐
☐ 17	n'avait pas observé un signal de priorité ou un feu rouge	17 ☐
☐ ←	**indiquer le nombre de cases marquées d'une croix**	→ ☐

A signer obligatoirement par les DEUX conducteurs
Ne constitue pas une reconnaissance de responsabilité mais un relevé des identités et des faits servant à l'accélération du règlement

13 **Croquis de l'accident au moment du choc** **13**
Préciser : 1. le tracé des voies - 2. la direction (par des flèches) des véhicules A,B - 3. leur position au moment du choc - 4. les signaux routiers - 5. le nom des rues (ou routes).

15 **Signature des conducteurs** **15**

A **B**

VÉHICULE B

6 **Preneur d'assurance /assuré** (voir attestation d'assurance)
NOM :
Prénom :
Adresse :
Code Postal : Pays :
Tél. ou e-mail :

7 **Véhicule**

À MOTEUR	REMORQUE
Marque, type	
N° d'immatriculation	N° d'immatriculation
Pays d'immatriculation	Pays d'immatriculation

8 **Société d'assurance** (voir attestation d'assurance)
NOM :
N° de contrat :
N° de carte verte :
Attestation d'assurance
ou carte verte valable du : au :
Agence (ou bureau, ou courtier) :
NOM :
Adresse :
Pays :
Tél. ou e-mail :
Les dégâts matériels au véhicule sont-ils assurés par le contrat ? *non* ☐ *oui* ☐

9 **Conducteur** (voir permis de conduire)
NOM :
Prénom :
Date de naissance :
Adresse :
Pays :
Tél. ou e-mail :
Permis de conduire n° :
Catégorie (A, B, ...) :
Permis valable jusqu'au :

10 **Indiquer le point de choc initial au véhicule B par une flèche →**

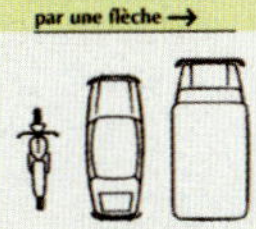

11 **Dégâts apparents au véhicule B :**

14 **Mes observations :**

Conformément à la loi informatique et libertés du 06 janvier 1978, un droit d'accès et de rectification des informations vous concernant vous est ouvert auprès des entreprises d'assurances destinataires du présent constat.

L'accident corporel

Un conducteur qui arrive sur les lieux d'un accident doit s'arrêter pour sécuriser l'endroit, alerter les secours et porter assistance aux blessés, sauf si les secours sont déjà sur les lieux.

Protéger

Pour limiter les risques d'incendie, il faut, si possible, **couper le contact des véhicules accidentés ou débrancher la batterie**. S'il y a un début d'incendie, il faut diriger le jet de son extincteur (si l'on en possède un) vers la base des flammes ou étouffer le feu avec une couverture, du sable ou de la terre. **Ne jamais utiliser d'eau.**

Alerter

Une fois les lieux protégés, le conducteur doit alerter ou faire **alerter les secours** : le 18 (pompiers) ou le 112 avec un mobile, le 17 (police ou gendarmerie) ou le 15 (SAMU). Il faut leur donner des renseignements précis et complets : lieu de l'accident, nature (choc contre un arbre, un véhicule, etc.), nombre de victimes et leur état.

Secourir

Dans l'attente des secours, le conducteur doit assister les blessés en évitant d'aggraver leur état. Si une victime saigne beaucoup, comprimer la plaie avec le poing, une serviette ou un gros pansement. Il est recommandé de **couvrir le blessé** pour qu'il ne prenne pas froid, de lui parler et de le rassurer en attendant les secours.

Gestes interdits

Il ne faut jamais donner à boire à un blessé, retirer le casque d'un motocycliste, transporter un blessé dans son véhicule, déplacer ou sortir un blessé de son véhicule sauf en cas de risque grave. S'il est absolument indispensable de déplacer un accidenté, l'allonger sur le côté avec le genou fléchi en position latérale de sécurité (PLS).

Attention

Sécuriser les lieux

Le conducteur doit s'arrêter rapidement et faire en sorte que son véhicule ne soit ni un danger ni une gêne. Il doit baliser les lieux avant et après l'accident (feux de détresse et triangle de présignalisation).

Les accidents

SECOURS

Si les services de secours sont sur les lieux d'un accident, il faut réduire sa vitesse mais ne pas s'arrêter pour ne pas gêner leur intervention.

BORNE

Sur les autoroutes, une borne d'alerte est installée tous les 2 km et permet de contacter directement les secours.

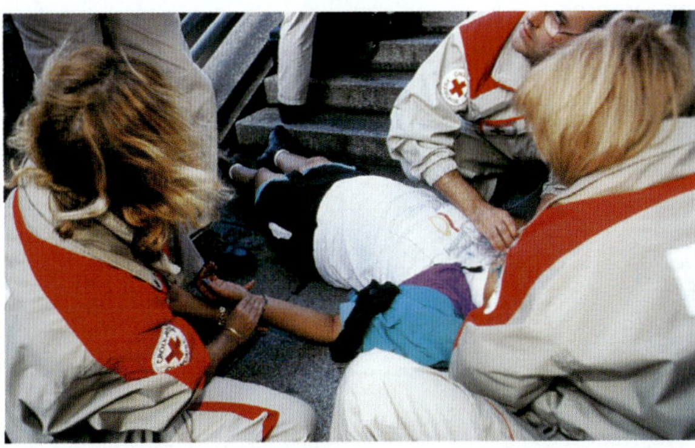

CROIX-ROUGE

Les services de secours interviennent généralement dans les 5 à 10 minutes suivant l'appel reçu.

Les accidents

Les réflexes à avoir

1 Comportement
Il est nécessaire de garder son calme après un accrochage et de placer son véhicule de manière à ne pas entraver la circulation des autres usagers, au besoin en matérialisant la position des voitures sur le sol avant leur déplacement.

2 Vérifications
S'assurer que les renseignements écrits par l'autre conducteur sur le constat amiable correspondent bien aux documents en sa possession (identité, adresse, numéro de permis, attestation d'assurance).

3 Témoin
En cas de refus du conducteur impliqué dans un accrochage de reconnaître les faits et de remplir un constat, il faut relever son numéro d'immatriculation et recueillir des témoignages.

4 Secours
Le premier conducteur arrivé sur les lieux d'un accident corporel doit s'arrêter et avertir le plus rapidement possible les secours en leur communiquant tous les renseignements utiles.

Les pièges à éviter

1 Arrangement
Il faut absolument refuser les propositions de ne pas rédiger de constat et de se faire rembourser les réparations.

2 Constat amiable
On ne peut apporter aucune modification au constat amiable une fois qu'il a été signé par les deux conducteurs et séparé en deux exemplaires.

3 Délit de fuite
Tenter de s'éloigner après avoir été impliqué dans un accident matériel ou corporel constitue un délit passible d'une amende de 30 000 euros, d'une suspension ou d'une annulation de permis de 3 ans, d'un retrait de 6 points et d'une peine d'emprisonnement de 2 ans.

4 Accident corporel
Ne pas toucher un blessé si l'on n'est pas en mesure de lui apporter les gestes de premiers secours.

À retenir

- Le constat amiable à remplir après un accident matériel permet aux assureurs de déterminer les responsabilités de chaque conducteur impliqué et de prendre en charge ou non les réparations.
- Ne jamais modifier le constat amiable après sa signature par l'autre partie car les éléments ajoutés ne sont pas pris en compte par l'assureur.
- Ne jamais utiliser d'eau pour tenter d'éteindre l'incendie d'un véhicule mais plutôt une couverture, du sable, de la terre ou, si l'on en possède un, un extincteur en dirigeant le jet sur la base des flammes.

- En cas d'arrivée sur les lieux d'un accident, sécuriser l'endroit et alerter dès que possible les secours en leur communiquant tous les renseignements précis qui leur permettront d'intervenir le plus efficacement possible.
- Ne pas déplacer un blessé si l'on ne connaît pas les gestes de premiers secours et si les circonstances ne l'exigent pas.

- Remplir au stylo à bille avec la plus grande attention le constat amiable en cochant les cases correspondant aux circonstances de l'accident, en remplissant la rubrique « Observations » si l'autre conducteur refuse de signer ou donne une version différente des faits, puis l'adresser à son assureur dans les 5 jours.
- Quelle que soit la langue dans laquelle il est rédigé, le constat amiable est strictement identique dans toute l'Union européenne et peut être indifféremment utilisé dans l'une de ses versions.

2 Le conducteur

1

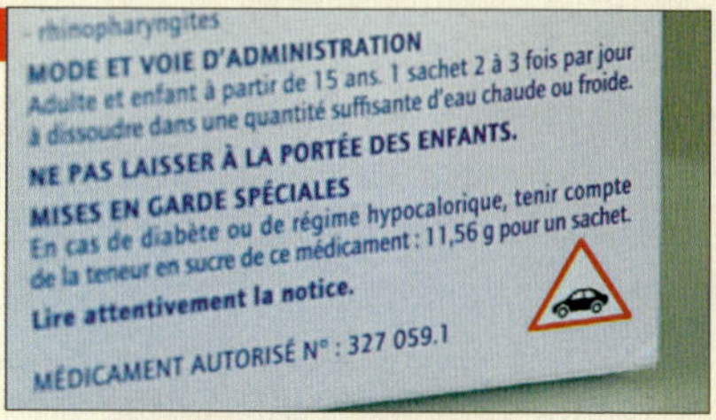

Le pictogramme signifie que :

A la conduite est interdite.

B le médicament peut altérer les capacités du conducteur.

2

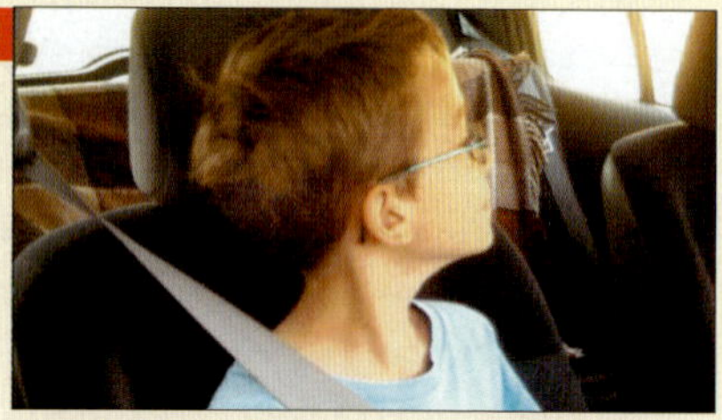

Les enfants de plus de 10 ans peuvent être installés à l'avant du véhicule.

A OUI **B** NON

3

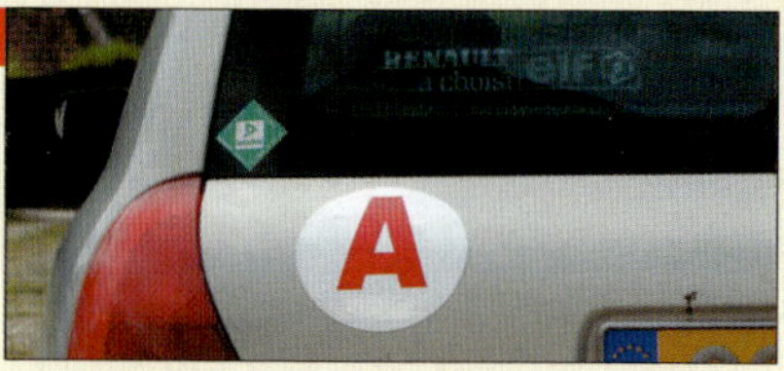

Durant la première année, un conducteur novice perd son permis dès la première infraction en cas de :

A délit de fuite

B franchissement d'une ligne continue

C d'alcoolémie positive

D conduite avec un téléphone en main

4

Une bonne position au volant permet :

– d'agir avec rapidité et précision

A OUI **B** NON

– de retarder l'apparition de la fatigue

C OUI **D** NON

5

La conduite occasionne une fatigue :

– nerveuse **A** oui **B** NON

– physique **C** oui **D** NON

6

Le seuil légal d'alcool dans le sang pour un jeune conducteur est de :

A 0,20 g/l. **B** 0,50 g/l. **C** 0,80 g/l.

1 B / 2 A / 3 A et C / 4 A et C / 5 A et C / 6 A

7

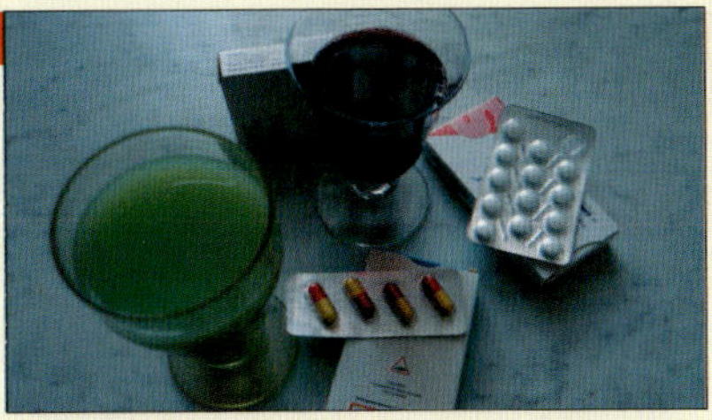

L'alcool risque d'accentuer les effets des médicaments.

A OUI B NON

8

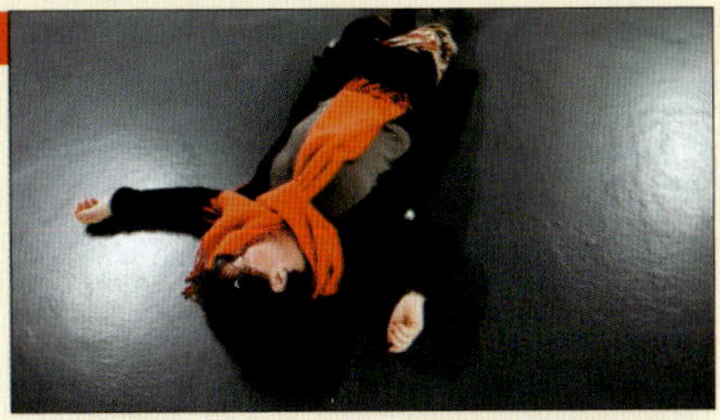

Avant d'appeler les secours, je vérifie si la victime :

– respire. A OUI B NON

– est consciente. C OUI D NON

9

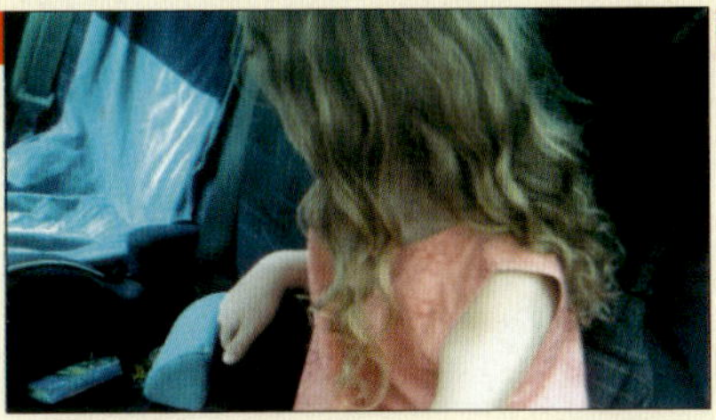

Le conducteur encourt une amende de 135 euros si ses passagers de moins de 18 ans ne sont pas attachés.

A OUI B NON

10

Pour contacter, par téléphone, un proche tout en conduisant :

– je téléphone rapidement. A OUI B NON

– j'envoie un SMS. C OUI D NON

11

La conduite avec un téléphone à la main :

A est passible d'un retrait de 0 point.

B est passible d'un retrait de 1 point.

C est passible d'un retrait de 3 points.

12

Fumer au volant est interdit par le code de la route.

A OUI B NON

7 A / 8 AC / 9 A / 10 B et D / 11 C / 12 B

2 Le conducteur

13

La position de conduite est identique de jour comme de nuit :

A OUI B NON

14

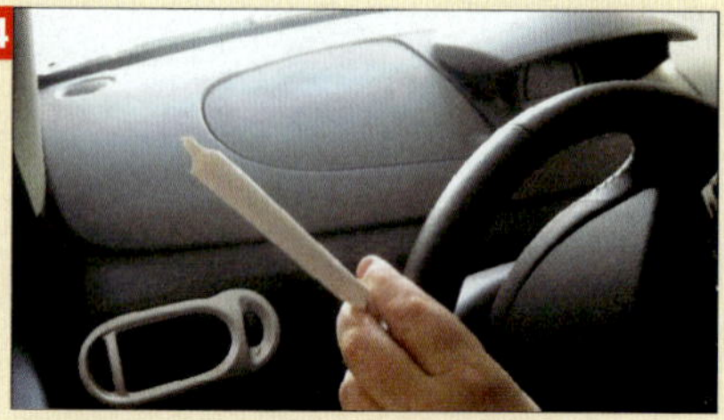

Conduire et fumer du cannabis :

- augmente le temps de réaction.
  A OUI B NON
- fausse l'estimation des distances.
  C OUI D NON

15

Je vais à Châteauroux et je suis fatigué :

A je continue en roulant lentement.

B je continue en roulant plus vite.

C je prévois une pause.

16

Un jeune conducteur est capable de tout lire en même temps : A OUI B NON

L'expérience permet de choisir les indices importants : C OUI D NON

17

L'appuie-tête est à la bonne hauteur.

A OUI B NON

18

Il commence à très légèrement pleuvoir :

A je maintiens ma vitesse.

B je réduis ma vitesse.

13 A / 14 AC / 15 C / 16 BC / 17 A / 18 B

19

Ce dispositif est autorisé en conduisant :

A OUI

B NON

20

Seul en cause dans un accident, l'assurance couvre les dégâts au véhicule si j'ai souscrit :

A la garantie responsabilité civile

B la garantie dommages collision

C la garantie tous accidents

21

Je viens d'avoir mon permis, il est crédité de :

A 1 point

B 6 points

C 9 points

D 12 points

22

La consommation d'alcool :

A diminue le champ de vision.

B augmente la sensibilité à l'éblouissement.

C supprime la fatigue.

D améliore la concentration.

23

Le champ visuel d'un conducteur est d'environ :

– 180 ° à l'arrêt : A OUI B NON

– 60 ° à 80 km/h : C OUI D NON

24

Je roule depuis plus de 2 heures :

A j'attends les premiers signes de fatigue pour m'arrêter.

B je fais une pause dès que possible.

19 B / 20 C / 21 B / 22 AB / 23 AC / 24 B

La vitesse

Les limitations de vitesse
La vitesse excessive
La réduction de vitesse
Le temps de réaction
La distance de freinage

Le climat

Les conditions climatiques
La conduite hivernale

La nuit

La conduite nocturne
Vitesse et dépassement

L'autoroute

Accès et sortie
Accès et péage
La conduite
Les règles de sécurité
Le dépassement
La circulation nocturne
Manœuvres interdites

TESTS

3

La route

Les limitations de vitesse

Les vitesses maximales autorisées varient selon le réseau routier et le climat. Le conducteur doit les respecter mais aussi s'adapter aux conditions de circulation rencontrées.

Vitesses maximales sur routes

Depuis le 1er juillet 2018, sauf dérogation, la vitesse maximale autorisée est ramenée de 90 km/h à 80 km/h sur les routes à double sens sans séparateur central (glissière de sécurité, terre-plein). Cette limitation s'applique à tous les conducteurs, quelle que soit l'ancienneté de leur permis, ainsi que par temps de pluie.
La vitesse maximale autorisée reste fixée à 90 km/h ou 110 km/h sur les routes à deux fois 2 voies et sur les routes à 3 voies munies de zones de dépassements sécurisés, sauf signalisation contraire.

Énergie cinétique

La vitesse produit une force, appelée énergie cinétique, qui augmente beaucoup plus rapidement que la vitesse elle-même. Par exemple, **en roulant deux fois plus vite, le conducteur multiplie par 4 l'énergie cinétique, et par 9 si le véhicule roule trois fois plus vite**. En roulant vite, le conducteur augmente le risque d'avoir un accident avec des lésions corporelles graves et irrémédiables.

Attention

Attention : vitesses maximales

Les jeunes conducteurs doivent appliquer les vitesses limites par temps de pluie. Pendant la période probatoire, ils doivent coller sur la vitre arrière de leur véhicule un disque blanc de 15 cm comportant la lettre A écrite en rouge.

	temps clair	temps de pluie	visibilité < 50 m
autoroutes	130 km/h	110 km/h	50 km/h
routes à chaussées séparées	110 km/h	100 km/h	50 km/h
routes à 3 voies séparées	90 km/h	80 km/h	50 km/h
routes	80 km/h	80 km/h	50 km/h
en ville	50 km/h	50 km/h	50 km/h

La vitesse

AGGLOMÉRATION

Même si aucune habitation ne borde la chaussée, la limitation de vitesse à 50 km/h ne prend fin qu'au panneau indiquant la sortie de l'agglomération.

ROUTE

La vitesse maximale reste fixée à 90 km/h ou 110 km/h, selon la signalisation en place, sur les routes à double sens séparées par une glissière de sécurité centrale.

AUTOROUTE

Sauf signalisation contraire plus contraignante, la vitesse est limitée à 130 km/h sur les autoroutes par temps sec.

La vitesse excessive

Un accident mortel sur deux est dû à une vitesse inadaptée. Accepter de réduire sa vitesse de 5 km/h, c'est diminuer de 20 % le nombre des tués.

Gain de temps

Le fait de rouler à 150 km/h au lieu de 130 km/h ne fait gagner que 6 minutes tous les 100 km, ce qui est dérisoire par rapport aux conséquences en matière de consommation, de fatigue nerveuse et de sanctions.

Champ de vision réduit

Le champ de vision du conducteur se réduit à mesure que sa vitesse augmente. Ce phénomène, appelé « effet de tunnel », empêche de percevoir parfaitement les abords de la chaussée. Par exemple, le champ de vision passe de 100° à 40 km/h à 30° à 130 km/h.

Attention

Attention : excès de vitesse

Il est interdit de dépasser les limitations de vitesse, même pour doubler un autre usager.

	amende forfaitaire	point(s) retiré(s)	autre sanction
inférieur à 20 km/h	68 €	1	aucune (limitation supérieure à 50 km/h)
inférieur à 20 km/h	135 €	1	aucune
entre 20 et 30 km/h	135 €	2	aucune
entre 30 et 40 km/h	135 €	3	3 ans de suspension du permis
entre 40 et 50 km/h	135 €	4	3 ans de suspension du permis
supérieur à 50 km/h	1 500 € (maxi)	6	3 ans de suspension du permis
supérieur à 50 km/h (récidive)	4 500 €	6	3 ans de suspension du permis et 3 mois d'emprisonnement

La vitesse

RADAR AUTOMATIQUE

En 2018, 4 700 radars automatiques sont implantés dont 750 appareils à « double face » qui contrôlent simultanément la vitesse dans les deux sens de circulation.

VITESSE ADAPTÉE

Un conducteur n'est jamais obligé de circuler à la limite légale autorisée, fixée à 50 km/h en ville, si les conditions de circulation ne le permettent pas, notamment du fait de la présence de piétons.

VÉHICULE LENT

Il faut faire preuve d'une grande vigilance et réduire sensiblement sa vitesse lorsque l'on circule sur une route à forte pente fréquentée par des véhicules lents.

La réduction de vitesse

Tout conducteur doit respecter les limitations de vitesse en vigueur, mais certaines situations ou signalisations incitent à la prudence ou préviennent d'un danger.

Vitesse adaptée

Il n'est jamais obligatoire de circuler à la limite des seuils légaux en vigueur (50 km/h, 80 km/h, 90 km/h, 110 km/h, 130 km/h). Le conducteur **doit s'adapter aux conditions de circulation** qu'il rencontre et ne pas hésiter à rouler en deçà des limitations lorsque les conditions de sécurité l'exigent.

Signalisation

Il faut ralentir :
– lorsqu'un panneau signale un danger quelconque ;
– à l'approche des feux tricolores qui peuvent passer du vert au jaune très rapidement ou des feux temporaires en raison de travaux ;
– quand des feux jaunes clignotants annoncent un danger éventuel ;
– à l'entrée et dans une agglomération (présence de piétons, enfants, animaux…).

État de la route

L'état et la configuration de la chaussée peuvent ne pas permettre d'atteindre la vitesse autorisée :
– chaussée en mauvais état ;
– proximité d'un virage, d'une descente rapide, d'un sommet de côte ;
– route étroite rendant le croisement avec d'autres véhicules difficile ;
– route insuffisamment dégagée : travaux, véhicules larges ou en panne, etc.

Conditions climatiques

Il faut également ralentir :
– quand la pluie, la neige ou le verglas rendent la chaussée glissante ;
– la nuit, lorsque la vue est réduite par le passage des feux de route aux feux de croisement ou quand le véhicule qui arrive en face n'a pas baissé ses phares ;
– lorsque le soleil est éblouissant.

Conducteur

L'état de santé du conducteur peut nécessiter une réduction de vitesse : traitement médical en cours ; fatigue, stress, etc.

Zones accidentogènes

À titre expérimental, sur certains tronçons à double sens de circulation où de nombreux accidents ont été recensés, la vitesse maximale est limitée à 80 km/h au lieu de 90 km/h. La signalisation avertit les usagers.

La vitesse

CONDUITE NOCTURNE

De nuit, le conducteur doit adapter sa vitesse aux conditions de visibilité réduites.

BROUILLARD

En présence de brouillard, il faut réduire fortement sa vitesse, même sur autoroute.

CONTRE-JOUR

En fin de journée, le soleil rasant peut sérieusement détériorer les conditions de circulation en aveuglant partiellement le conducteur, incapable de voir la signalisation ou le marquage au sol.

Le temps de réaction

Le conducteur doit maintenir une certaine distance avec les véhicules qui le précèdent pour avoir le temps de réagir en cas de ralentissement ou de découverte d'un obstacle.

Distance parcourue

Le temps de réaction évolue en plusieurs phases :
– l'œil voit l'obstacle et transmet le message au cerveau ;
– le cerveau étudie l'information et donne au système nerveux l'ordre de freiner ;
– le conducteur lâche l'accélérateur et appuie sur la pédale de frein.

Ce temps de réaction est d'environ une seconde.
Pour calculer la distance parcourue pendant cette seconde, il suffit de multiplier le chiffre des dizaines de la vitesse par 3. Par exemple, à 130 km/h, le véhicule parcourt : 13 x 3 = 39 m.

Distance de sécurité

Quand deux véhicules se suivent, le conducteur du second doit maintenir une distance de sécurité suffisante pour pouvoir éviter une collision en cas de ralentissement brusque ou d'arrêt du véhicule qui le précède.
Dans les tunnels, un marquage au sol et/ou des diodes sur les parois indiquent la distance minimale à respecter par rapport au véhicule qui précède.

Attention

Règle des 2 secondes

Pour établir un espace de sécurité, il suffit de compter les secondes qui s'égrènent entre le passage du véhicule qui précède devant un repère sur le bord de la route (un arbre, un pont, etc.) et le passage de son propre véhicule.

La vitesse

PIÉTONS

En agglomération, il faut pouvoir anticiper le comportement parfois imprévisible des piétons qui peuvent traverser en dehors des passages qui leur sont réservés.

VIGILANCE

Lorsque l'on suit un véhicule de grande taille qui empêche de voir suffisamment loin devant et d'anticiper un possible ralentissement, il faut laisser une distance suffisante de sécurité pour pouvoir réagir.

DEUX TRAITS

En maintenant systématiquement deux lignes de rive entre son véhicule et celui qui précède, le conducteur se constitue un espace de sécurité suffisant pour pouvoir s'arrêter si besoin.

La distance de freinage

Entre le moment où le conducteur appuie sur les freins et celui où le véhicule s'immobilise, ce dernier a parcouru une distance d'autant plus longue que sa vitesse est élevée.

Effets de la vitesse

La distance de freinage augmente plus rapidement que la vitesse.
En roulant deux fois plus vite, le conducteur quadruple la longueur à parcourir avant de s'arrêter :
– à 50 km/h, un véhicule parcourt 10 m avant de s'arrêter ;
– à 100 km/h, il met 48 m, soit une distance 4 fois plus importante.
Si la vitesse est multipliée par 3, la longueur parcourue avant l'arrêt sera multipliée par 9.

Distance rallongée

Ces distances de freinage peuvent être plus longues dans les cas suivants : mauvais état de la chaussée, route en pente, freins ou pneus usés, amortisseurs défectueux, etc. **Sur route mouillée, l'adhérence est divisée par deux.**

Freinage brusque

Il faut éviter de freiner brusquement pour ne pas risquer de bloquer les roues. En cas de blocage, il suffit de réduire la pression sur le frein pour permettre aux roues de tourner.

Attention

Distance d'arrêt

La distance d'arrêt comprend la longueur de route parcourue durant le temps de réaction du conducteur à laquelle on ajoute la distance de freinage elle-même.
Pour calculer la distance nécessaire pour s'arrêter sur route sèche, il faut multiplier le chiffre des dizaines de la vitesse par lui-même :
– à 50 km/h : 5 x 5 = 25 m seront nécessaires pour stopper le véhicule ;
Sur un sol humide, il faut multiplier la distance d'arrêt sur sol sec par 1,5.
À 50 km/h : 25 m x 1,5 = 37,50 m seront nécessaires pour s'arrêter.

La vitesse

TROP PRÈS

Même pour effectuer un dépassement, il faut laisser une distance de sécurité suffisante avec le véhicule qui précède pour limiter les risques de collision en cas de freinage brutal.

BONNE DISTANCE

Un écart d'une cinquantaine de mètres avec le véhicule qui précède constitue une bonne distance de sécurité pour pouvoir faire face à toute éventualité.

ROUTE GLISSANTE

Si la chaussée est humide ou glissante, la distance nécessaire pour immobiliser le véhicule est considérablement allongée.

La vitesse

Les réflexes à avoir

1 Vitesse
Les vitesses maximales autorisées, systématiquement signalées par des panneaux, doivent être scrupuleusement respectées, même pour effectuer un dépassement.

2 Adaptation
Le conducteur n'est jamais obligé de circuler aux vitesses maximales autorisées et doit s'adapter aux conditions de circulation qu'il rencontre : densité du trafic, état de la chaussée, configuration de la route, conditions climatiques, etc.

3 Distance de sécurité
Il faut compter au moins deux secondes d'écart avec le véhicule qui précède en prenant un repère sur l'accotement (panneau, arbre, etc.) pour obtenir une distance de sécurité suffisante.

4 Accident
Diminuer sa vitesse de 10 % permet de réduire de 10 % les accidents légers, de 20 % les accidents graves et de 40 % les accidents mortels.

5 Vigilance
Le conducteur doit rester attentif car, de toute façon, il s'écoulera au moins une seconde entre le moment où il percevra un danger et celui où il appuiera sur la pédale de frein.

Les pièges à éviter

1 Perception altérée
Plus la vitesse est élevée, plus la perception visuelle est altérée à cause du rétrécissement du champ visuel et de l'incapacité du cerveau à analyser les images qui défilent trop rapidement.

2 Vitesse réduite
Les vitesses maximales autorisées sont réduites de 10 km/h par temps de pluie et de 20 km/h sur autoroute ainsi que, en toute circonstance, pour les titulaires d'un permis de conduire probatoire.

3 Route humide
La distance de freinage augmente plus vite que la vitesse et s'allonge de près de la moitié sur route mouillée, même si le véhicule est équipé d'un système antiblocage des roues (ABS).

4 Gain de temps
On ne gagne que 6 min en roulant à 150 km/h au lieu de 130 km/h sur une centaine de kilomètres.

À retenir

⏭ Depuis le 1er juillet 2018, sauf dérogation, la vitesse maximale autorisée est fixée à 80 km/h sur les routes (départementales ou nationales) à double sens de circulation sans séparateur central (glissière ou terre-plein).

⏭ Le champ de vision du conducteur se rétrécit à mesure que la vitesse augmente et passe de 100° à 40 km/h à 30° à 130 km/h, empêchant de percevoir les bords de la chaussée.

⏭ La durée moyenne du temps de réaction d'un conducteur est d'au moins une seconde entre le moment où il perçoit un danger et celui où il freine, durée pendant laquelle le véhicule continue de rouler à la même vitesse.

⏭ Il faut adapter sa vitesse aux conditions de circulation rencontrées, à son état de santé, à l'état du véhicule et aux conditions climatiques.

⏭ La distance d'arrêt est obtenue en additionnant la distance parcourue pendant le temps de réaction du conducteur, de l'ordre d'une seconde, et la distance de freinage, qui varie selon la vitesse et l'état du véhicule.

⏭ Pour maintenir une distance de sécurité suffisante avec le véhicule qui précède, il faut compter deux secondes entre le passage de ce véhicule devant un repère choisi sur l'accotement (arbre, panneau, etc.) et son propre passage devant ce point.

⏭ Par temps de pluie et sur chaussée glissante, l'adhérence du véhicule est divisée par deux et double la distance de freinage.

⏭ L'énergie cinétique augmente le poids du véhicule à mesure que sa vitesse augmente, allongeant les distances de freinage et aggravant la violence d'un choc.

⏭ Le montant de l'amende, le retrait de points et la possible suspension du permis sont fixés en fonction de la gravité de l'excès de vitesse.

Les conditions climatiques

De mauvaises conditions climatiques peuvent représenter un danger supplémentaire sur la route. Le conducteur doit en tenir compte.

Pluie

Plus une chaussée est plate et large, plus l'eau de pluie met de temps à s'évacuer. Le conducteur risque alors **l'aquaplanage** : les pneus ne parviennent plus à évacuer l'eau présente sur la route, rendant le véhicule totalement incontrôlable. Des pneus usés ou une vitesse excessive augmentent ce risque.

Il faut respecter les limitations de vitesse (abaissées de 10 ou 20 km/h), éviter de freiner brutalement et augmenter les distances de sécurité.

Si la visibilité est mauvaise, il faut allumer ses feux de position ou de croisement pour signaler sa présence aux autres usagers et utiliser ses feux de route ou de brouillard avant lorsqu'il n'y a pas de risque d'éblouir un autre conducteur.

Brouillard

Les feux de croisement et, **si le véhicule en est pourvu**, les feux de brouillard (avant et arrière) doivent être allumés. La vitesse et la distance de sécurité doivent être égales à la visibilité. Si la visibilité est de 50 m, il faut circuler à 50 km/h et conserver une distance de sécurité de 50 m.

Vent

Le conducteur risque de faire des écarts de trajectoire en cas de vent latéral, de fortes rafales ou lorsqu'il dépasse un véhicule encombrant. La vitesse accentue ce phénomène.

Il faut alors tenir fermement le volant, ralentir pour réduire les écarts de trajectoire et braquer légèrement le volant dans le sens opposé au vent.

Attention

Manche à air

Ce panneau indique le lieu où risque de souffler un vent latéral violent et plus ou moins inattendu. Des manches à air sont installées aux mêmes endroits et montrent la direction et l'intensité du vent.

Le climat

VISIBILITÉ RÉDUITE

Par temps de brouillard, les feux arrière des véhicules qui précèdent permettent de comprendre la configuration de la route et d'adopter la même vitesse pour circuler en sécurité.

VÉHICULE LENT

En circulant trop vite alors que les conditions climatiques sont mauvaises, le conducteur risque d'être surpris par l'irruption d'un véhicule circulant à faible vitesse.

VENT LATÉRAL

La position horizontale de la manche à air alerte les conducteurs sur le risque d'être déportés en cas de rafale, de sortie de tunnel ou de dépassement d'un poids lourd.

La conduite hivernale

En hiver, le verglas et la neige rendent les routes particulièrement glissantes et requièrent une conduite souple à vitesse réduite.

Verglas

Le verglas rend la route particulièrement glissante et dangereuse ; il se forme quand la température extérieure est égale ou inférieure à 0° C, quand l'air est humide ou quand il a plu après une gelée. Les plaques de verglas se trouvent généralement sur les routes ombragées ou bordées d'arbres, près des cours d'eau, sur ou sous les ponts, dans le fond des vallées et dans les endroits exposés au vent ou au nord. Les lieux à risques sont indiqués par des panneaux.

Conduite adaptée

Sur neige ou sur verglas, il faut ralentir, réduire sa vitesse (de moitié sur verglas), ne pas donner de coup de volant, augmenter la distance de sécurité et éviter de freiner brutalement. La conduite doit être souple.

Équipements et accessoires

Plusieurs équipements sont disponibles pour une conduite hivernale :
- chaînes à neige : à n'utiliser que si la route est enneigée (à placer sur au moins deux roues motrices) ;
- pneus neige (thermocontact) : conçus pour la conduite sur neige et verglas ;
- pneus cloutés : utilisables entre le samedi précédent le 11 novembre et le dernier dimanche du mois de mars (90 km/h maximum et disque obligatoire à l'arrière du véhicule).

Attention

Routes enneigées

La neige, lorsqu'elle est abondante et tassée, mouillée ou encore si elle se trouve mêlée à du sel, rend la chaussée également très glissante. Lorsqu'elle tombe, les véhicules doivent allumer leurs feux de croisement ou de brouillard.

Ce panneau oblige les conducteurs à équiper de chaînes au moins deux roues motrices.

Le climat

VERGLAS

La proximité d'une zone boisée favorise la formation de verglas, par des températures négatives, sans que le conducteur puisse en déceler la présence.

NEIGE

Le passage de véhicules après une abondante chute de neige peut entraîner la formation d'ornières qui gênent considérablement la conduite.

CONDUITE SOUPLE

La chaussée glissante empêche le véhicule de réagir immédiatement aux sollicitations du conducteur qui doit alors anticiper les dangers comme, par exemple, l'ouverture inopinée d'une portière.

Le climat

Les réflexes à avoir

1 Pluie
Même si la pluie a cessé, il faut utiliser ses essuie-glaces à l'approche d'un véhicule ou lorsque l'on est soi-même dépassé pour conserver une parfaite visibilité.

2 Brouillard
Se repérer grâce au marquage au sol et allumer ses feux de croisement ou ses feux de brouillard pour mieux voir et être mieux perçu par les autres usagers.

3 Équipement
Pour circuler en sécurité durant l'hiver, on peut utiliser des chaînes pour la neige, des pneus hiver (thermocontact) pour la neige ou le verglas ou des pneus cloutés pour le verglas.

4 Intempéries
Pour une bonne visibilité, il faut utiliser la ventilation du véhicule pour éliminer la buée qui se forme et dégager totalement le pare-brise et toutes les vitres.

5 Verglas
En cas de températures inférieures à 0 ° C, il faut se méfier des endroits propices à la formation de verglas : route ombragée, proximité d'une forêt ou d'un cours d'eau, pont, etc.

Les pièges à éviter

1 Aquaplanage
Ralentir en cas de forte pluie pour permettre aux pneus d'évacuer l'eau et ne pas freiner brutalement sous peine de perdre le contrôle du véhicule.

2 Coup de frein
Il ne faut jamais freiner brutalement sur un sol verglacé, même si l'on est équipé de pneus hiver, car l'adhérence est quasi nulle.

3 Disque obligatoire
L'utilisation des pneus cloutés nécessite d'apposer à l'arrière de son véhicule le disque signalant l'utilisation de tels pneus.

4 Flaque d'eau
Même peu profonde, une flaque peut déstabiliser le véhicule et provoquer un écart de conduite si la vitesse est élevée.

5 Véhicule d'entretien
Il ne faut jamais dépasser un véhicule d'entretien lorsqu'il est en action (déneigement, salage, etc.).

À retenir

- Par temps de pluie, si la vitesse est trop élevée ou s'ils sont usés, les pneus n'arrivent plus à évacuer l'eau et entraînent une perte totale d'adhérence (aquaplanage).
- Par temps de brouillard, la vitesse et la distance de sécurité doivent correspondre à la visibilité (50 km/h et écart de 50 m pour une visibilité de 50 m) avec utilisation obligatoire des feux de croisement ou de brouillard.
- Lorsque la température est inférieure à 0°, se méfier des routes en fond de vallée, proches d'un bois, d'un cours d'eau, d'un endroit exposé au vent qui sont propices à la formation de verglas.
- Adopter une conduite souple sur route humide, glissante ou verglacée, en réduisant fortement sa vitesse, en allongeant la distance de sécurité et en évitant de freiner brutalement.
- Tenir fermement le volant et braquer légèrement dans le sens contraire en cas de vent latéral ou de dépassement d'un poids lourd par vent fort.
- Les chaînes ne peuvent être utilisées que si la route est totalement recouverte de neige et doivent être placées sur au moins deux roues motrices.
- Les pneus cloutés ne sont autorisés qu'entre le samedi précédent le 11 novembre et le dernier dimanche du mois de mars, et obligent le conducteur à ne jamais dépasser 90 km/h.

La conduite nocturne

La nuit, le risque d'accident est deux fois plus élevé et les accidents sont beaucoup plus graves car le conducteur voit moins bien et moins loin.

Utilisation des feux

Le conducteur utilise les feux qui lui permettent de bien voir sans éblouir les autres usagers :

– Feux de position (veilleuses) : autorisés en agglomération bien éclairée (même par temps de pluie), en même temps que les feux de route ou de croisement ; ils doivent être allumés en même temps que les feux de brouillard.

– Feux de croisement : allumés quand le conducteur croise ou suit un véhicule, hors d'une agglomération sur une route bien éclairée.

– Feux de route : peuvent être utilisés en et hors agglomération si aucun véhicule ne précède ou n'arrive en face ; ils sont utilisables en même temps que les feux de croisement.

– Feux de brouillard : utilisables exceptionnellement la nuit, par temps clair et en dehors des agglomérations ; ils s'ajoutent aux feux de route ou de croisement.

Avertissements lumineux

La nuit, le conducteur peut avertir les autres usagers de sa présence par de **brefs appels lumineux** (appels de phares). Ces signaux sont donnés par intermittence soit avec les feux de route s'il roule en feux de croisement, soit avec les feux de croisement s'il roule en feux de route.

Ces avertissements peuvent être utilisés en ou hors agglomération avant une intersection, un virage ou un sommet de côte, pour prévenir d'une présence ou d'un dépassement et si le conducteur qui circule en sens inverse est resté en feux de route.

Réglage

Il est important de faire régler l'éclairage du véhicule **au moins une fois par an** et de disposer en permanence d'ampoules de rechange pour éviter une immobilisation et, surtout, un accident.

La nuit

AGGLOMÉRATION

En présence d'un éclairage public, le conducteur peut se contenter de circuler en feux de position.

FEUX DE CROISEMENT

Si l'éclairage public est inexistant ou insuffisant pour assurer une bonne visibilité, il faut utiliser les feux de croisement.

FEUX DE ROUTE

Hors agglomération, le manque de visibilité et l'absence de véhicule circulant en sens inverse autorisent le conducteur à utiliser ses feux de route.

Vitesse et dépassement

Même s'ils ont une excellente acuité visuelle de jour, tous les conducteurs ont une vision nocturne relativement médiocre.

Vitesse adaptée

Les accidents causés par la vitesse ne sont pas seulement dus au non-respect des limites maximales autorisées mais également à une vitesse inappropriée aux circonstances ou à l'environnement immédiat, même en dessous des limites maximales. **La nuit, l'œil ne perçoit plus les couleurs et apprécie mal les distances.** Même avec l'aide de l'éclairage, le conducteur ne distingue pas à plus de quelques dizaines de mètres. Par exemple, les feux de croisement n'éclairent qu'à 30 m et, dès 70 km/h, le choc avec un obstacle dans cette zone éclairée est absolument inévitable.

Vision

Pour éviter d'être ébloui par l'éclairage des autres véhicules, il faut placer son **rétroviseur intérieur en position « nuit »** et, lorsqu'un véhicule arrive de face, regarder le bord de l'accotement plutôt que les feux.

Attention

Dépassement

Le conducteur, avant de commencer la manœuvre de dépassement, peut avertir de son intention le conducteur du véhicule qui le précède en faisant un bref appel lumineux (1). Ses feux de route ne seront allumés que lorsqu'il sera à la hauteur du véhicule dépassé. Le conducteur dépassé repasse en feux de croisement dès que le véhicule qui le dépasse arrive à sa hauteur pour éviter d'éblouir l'usager qui se rabat devant lui (2).

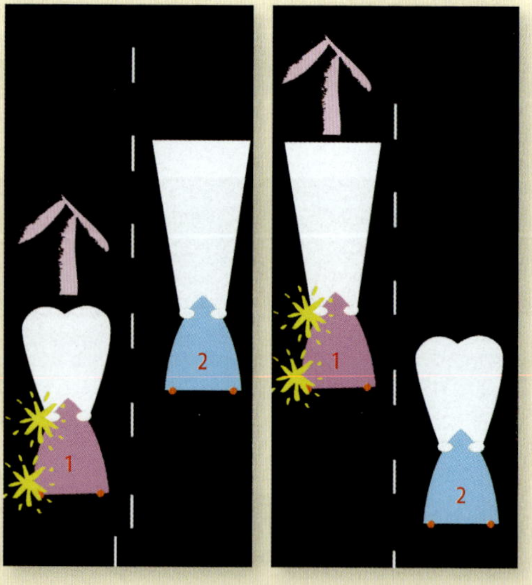

La nuit

RALENTIR

La faiblesse de l'éclairage public doit inciter le conducteur, de lui-même, à réduire sa vitesse pour l'adapter aux conditions de circulation.

OBSTACLE

Dès la vue d'une balise de contournement, illuminée par le faisceau des phares, le conducteur doit sensiblement ralentir même si aucun panneau ne l'y oblige.

PIÉTONS INVISIBLES

La présence d'un éclairage public ne permet pas toujours au conducteur de distinguer la présence de piétons à proximité de la chaussée et la seule vue d'un passage pour piétons doit l'inciter à ralentir.

La nuit

Les réflexes à avoir

1 Adapter sa vitesse
La conduite de nuit nécessite d'adapter sa vitesse : il ne faut pas circuler systématiquement à la limite des vitesses autorisées, même sur autoroute, si la visibilité est insuffisante.

2 Éblouissement
Lors du croisement d'un véhicule, regarder vers le bas-côté de la chaussée le marquage au sol du bord droit pour éviter d'être ébloui.

3 Réglage
Faire régler ses feux au moins une fois par an garantit un éclairage efficace et permet d'éviter de gêner les autres conducteurs.

4 Ampoules
Il est recommandé (mais non pas obligatoire) d'avoir dans son véhicule une boîte complète de lampes de rechange pour pallier toute panne et éviter d'être verbalisé en cas d'éclairage défectueux.

5 Appels de phares
De brefs appels de phares peuvent être effectués pour avertir les autres usagers de sa présence ou de sa manœuvre de dépassement.

Les pièges à éviter

1 Perception réduite
La nuit, l'œil ne perçoit pas les couleurs, apprécie mal les distances, et les feux n'éclairent qu'à une centaine de mètres environ.

2 Feux de route
Il est interdit d'utiliser ses feux de route lorsque l'on circule derrière un véhicule ou lorsque l'on s'apprête à le croiser afin de ne pas éblouir le conducteur.

3 Vision évolutive
Avec l'âge, la vision se dégrade, et certaines maladies de la vue se développent tout à fait silencieusement à partir de 35 ans (glaucome et cataracte).

4 Éclairage public
Se méfier du temps d'accommodation nécessaire en cas d'arrivée dans un endroit très éclairé (péage d'autoroute, entrée d'agglomération) après une conduite prolongée dans l'obscurité.

À retenir

- Le risque d'accident est deux fois plus élevé la nuit en raison d'une vitesse excessive ou inadaptée aux conditions de circulation.
- La vision nocturne est altérée : une faible perception des couleurs et une mauvaise appréciation des distances nécessitent de réduire sa vitesse.

- Les feux de route peuvent être utilisés en et hors agglomération lorsqu'aucun conducteur ne risque d'être ébloui.
- Les feux de croisement sont utilisés en cas de croisement d'un autre véhicule ou à l'approche du véhicule qui précède ou encore lorsque la route est suffisamment éclairée.
- Les feux de position suffisent en agglomération lorsque la chaussée est bien éclairée et complètent l'utilisation des feux de route ou de brouillard.
- Les feux de brouillard sont interdits en agglomération mais peuvent être utilisés en dehors, même par temps clair, si aucun autre conducteur ne risque d'être gêné.
- Même bien réglé, l'éclairage ne permet pas de voir au-delà de plusieurs centaines de mètres.

- Ne pas fixer les feux des véhicules venant de face mais plutôt le bord droit de la chaussée pour éviter les éblouissements.
- Faire vérifier l'éclairage du véhicule au moins une fois par an.
- Posséder une boîte d'ampoules de rechange n'est pas obligatoire mais fortement recommandé pour pouvoir remplacer immédiatement une lampe défectueuse.
- De brefs appels de phares sont admis pour alerter les autres conducteurs de sa présence, à proximité d'un virage ou d'une côte par exemple, ou pour les prévenir d'un dépassement.

Accès et sortie

La conduite sur autoroute permet de circuler à des vitesses élevées qui exigent, de la part des conducteurs, une concentration soutenue tant les risques d'accidents sont importants.

Accès réservé

L'autoroute est une infrastructure particulière sur laquelle les vitesses sont plus élevées que sur le reste du réseau routier. **Pour des raisons de sécurité, les véhicules trop lents y sont interdits.** Sont concernés :

- les piétons, cyclistes, cyclomotoristes et cavaliers ;
- les tricycles et quadricycles à moteur ;
- les véhicules dont la vitesse n'excède pas 40 km/h (voiturette, tracteur, etc.) ;
- les transports exceptionnels (dimensions hors normes, sauf autorisation spéciale).

Entrée d'autoroute

Une voie d'accélération longe la voie de droite, sur une distance limitée, pour permettre d'accéder à l'autoroute. Le conducteur doit prendre suffisamment de vitesse pour s'insérer sans gêne dans la circulation en contrôlant les conditions de circulation avec son rétroviseur extérieur gauche. Dans tous les cas, il doit laisser la **priorité aux usagers de l'autoroute**.

Sortie d'autoroute

Pour quitter l'autoroute, le conducteur doit emprunter la **voie de décélération**. Dès l'annonce de sa sortie par les panneaux, il se place sur la voie de droite sans ralentir et, à proximité de la voie de sortie, actionne son clignotant pour avertir les autres usagers. Sitôt sur la voie de décélération, il doit ralentir pour adapter sa vitesse à la signalisation en place.

Attention

Panneaux d'entrée et de sortie d'autoroute

Deux panneaux spécifiques annoncent le début et la fin de l'autoroute.

Informe de l'entrée sur le domaine autoroutier sur lequel la circulation se fait en sens unique.

Annonce la fin prochaine du domaine autoroutier.

L'autoroute

ACCÉDER

Toutes les autoroutes disposent d'une voie d'accélération suffisamment longue pour permettre de prendre la vitesse nécessaire à une bonne insertion dans la circulation.

SORTIR

Après avoir allumé ses clignotants de droite, le conducteur doit se rapprocher le plus possible de la voie de décélération afin de libérer au plus tôt l'autoroute.

AFFECTATION DES VOIES

Pour quitter l'autoroute, le conducteur doit impérativement se placer sur la voie la plus à droite dès la vue du panneau d'indication.

Accès et péage

Les autoroutes sont des voies à sens unique spécialement aménagées pour permettre aux usagers de circuler à des vitesses plus élevées que sur le reste du réseau.

Bretelle de raccordement

En raison des vitesses élevées pratiquées, l'accès à l'autoroute comporte :
– une voie d'accès qui débute souvent par un virage assez serré où la vitesse est limitée ;
– puis une voie d'accélération qui longe la voie de droite de l'autoroute et permet au conducteur de prendre de la vitesse.

Péage

Les postes de péage se situent aux entrées de l'autoroute ou directement sur le réseau. Les voies de passage ouvertes au paiement sont indiquées par une **flèche verte** ; une croix rouge annonce que la voie est fermée.
Il existe plusieurs moyens de paiement :
– automatique, par carte bancaire ou par dépôts de pièces ;
– direct, à un préposé de l'autoroute par tout moyen (monnaie, chèque ou carte bancaire) ;
– télépéage : paiement par abonnement grâce à un badge qui permet un passage sans avoir à ouvrir la vitre du véhicule.
La perte du ticket entraîne le paiement du prix du parcours le plus long.

Jonction

Une jonction est un lieu où deux autoroutes se rejoignent. Une signalisation est implantée sur l'une des deux chaussées et indique aux conducteurs qu'ils doivent céder le passage aux usagers circulant sur l'autre chaussée.

Attention

Bifurcation

La bifurcation sépare une autoroute en deux branches qui constituent chacune une autoroute. Il faut gagner la voie ou l'une des voies de circulation correspondant à la branche d'autoroute choisie.

L'autoroute

INSERTION

Les zébras séparant la voie de droite de l'autoroute et la voie d'accélération protègent et facilitent l'insertion des nouveaux arrivants.

BARRIÈRE DE PÉAGE

En cas de faible densité du trafic, il faut se porter sur la partie droite de l'autoroute et se diriger vers les guichets signalés ouverts par une flèche verte.

CHOISIR SON GUICHET

Avant d'opter pour l'un des guichets, il faut vérifier le symbole allumé au-dessus de la barrière de péage et vérifier le mode de paiement accepté.

La conduite

Du fait des vitesses élevées pratiquées, la conduite sur autoroute exige une très grande attention de la part des conducteurs.

Conduite à droite

Comme sur toutes les routes, le conducteur doit se maintenir sur la voie qui est le plus à droite. Les autres voies ne sont utilisées que pour les manœuvres de dépassement. Lorsque l'autoroute comporte 3 voies ou plus, les véhicules de plus de 3,5 t ou d'une longueur de plus de 7 m ont interdiction d'emprunter la voie située le plus à gauche.

Vitesse minimale

S'ils doivent respecter les limitations de vitesse (130 km/h, ou 110 km/h par temps de pluie), les conducteurs ne doivent pas non plus circuler à une vitesse anormalement réduite. Il est interdit de rouler à moins de 80 km/h sur la voie située le plus à gauche.

Changement de file

Le changement de file ne se justifie que par une manœuvre de dépassement. Il est également possible de se déporter sur la voie de gauche à la vue d'un véhicule immobilisé sur la bande d'arrêt d'urgence. **L'utilisation du clignotant gauche est obligatoire** avant de déboîter et celle du clignotant droit facultative, mais recommandée, avant de revenir sur la file de droite.

Bande d'arrêt d'urgence

La bande d'arrêt d'urgence **n'est pas une voie de circulation** : il est interdit d'y circuler car des véhicules en panne ou des véhicules d'entretien peuvent y stationner. Pour s'arrêter, le conducteur doit utiliser exclusivement les aires de stationnement ou les stations-service qui jalonnent le parcours.

Le franchissement ou le simple chevauchement de la ligne blanche délimitant la bande d'arrêt d'urgence est désormais sanctionné, en plus de l'amende forfaitaire de 135 euros, par le retrait d'un point sur le permis de conduire.

Pause

Les vitesses élevées nécessitent de la part des conducteurs une vigilance accrue qui entraîne généralement une fatigue après quelques heures de conduite. Il est donc recommandé d'effectuer une pause d'**une vingtaine de minutes toutes les deux heures**.

L'autoroute

VOIE DE DROITE

Lorsque la voie de droite est libre et en l'absence de véhicules à doubler, il faut impérativement se maintenir sur la voie la plus à droite.

VOIE CENTRALE

La voie du centre, comme celle la plus à gauche, est réservée aux manœuvres de dépassement et doit être libérée dès que possible en se rabattant sur la file de droite.

VOIE DE DÉGAGEMENT

La large bande blanche séparant les voies de circulation de la voie de dégagement, donnant accès à une aire de repos, interdit tout retour sur l'axe principal.

Les règles de sécurité

Une distance minimale de sécurité doit être constamment respectée entre les véhicules, et ce même lors d'une manœuvre de dépassement.

Distance de sécurité

Un intervalle de sécurité suffisant avec les véhicules qui précèdent doit toujours être respecté. Pour limiter les risques de collision en cas de freinage brutal, il faut laisser une distance minimale de l'ordre de 30 m à 50 km/h, 60 m à 90 km/h, 90 m à 130 km/h.

Par temps de pluie ou de brouillard, il est indispensable d'augmenter encore cette distance car le temps de perception est plus long.

Sur autoroute, par rapport aux véhicules qui précèdent, le fait de laisser un écart correspondant à deux traits délimitant la bande d'arrêt d'urgence permet de maintenir une distance de sécurité suffisante.

État du véhicule

Le conducteur ne doit pas hésiter à rouler en deçà de la vitesse maximale autorisée lorsque son véhicule ne lui permet pas de circuler en toute sécurité à une telle vitesse. Si un chargement est installé sur le toit (galerie, coffre), il doit vérifier périodiquement que tout est bien arrimé.

Conditions climatiques

Les intempéries dégradent fortement les conditions de circulation sur autoroute et doivent inciter à la prudence. Par temps de pluie, des essuie-glaces en bon état sont indispensables contre les projections d'eau des poids lourds.

Attention

Repère au sol

Il faut laisser deux traits de la ligne de rive qui sépare la voie de droite de la bande d'arrêt d'urgence, soit 100 m environ, entre son véhicule et celui qui précède.

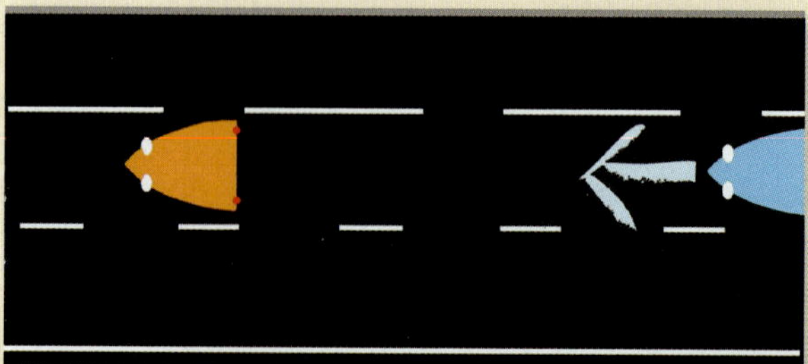

L'autoroute

DÉPASSEMENT PRÉPARÉ

Avant de dépasser un véhicule lent, le conducteur doit se déporter suffisamment tôt sur la voie de gauche après avoir vérifié qu'elle est libre et avoir allumé ses clignotants de gauche.

CONTRASTE

Par temps fortement ensoleillé, la sortie d'un tunnel ou d'un souterrain peut provoquer un court moment d'éblouissement particulièrement dangereux.

RALENTISSEMENT

L'allumage des feux stop du véhicule qui le précède doit inciter immédiatement le conducteur à lever le pied ou à freiner à son tour si le freinage de ce véhicule se prolonge.

Le dépassement

Sur autoroute, le dépassement s'effectue toujours par la gauche. On ne dépasse jamais par la droite, même un usager qui persiste à rester sur la voie centrale ou celle de gauche.

Se rabattre

Lorsque la manœuvre de dépassement est terminée, il faut toujours se rabattre sur la voie de droite dès que l'espace disponible entre les véhicules est suffisant. La voie de gauche, dite voie rapide, ne doit pas être occupée de manière prolongée.

Clignotant

Avant de débuter sa manœuvre, le conducteur doit utiliser son clignotant gauche après avoir vérifié qu'il n'est pas lui-même sur le point d'être dépassé. Ne pas hésiter à tourner franchement la tête vers l'arrière pour couvrir l'angle mort.
Dès que le véhicule est dépassé, le conducteur contrôle ses rétroviseurs et se rabat sur la droite lorsqu'il s'est suffisamment éloigné.

Céder le passage

Le conducteur circulant sur la voie de gauche et sur le point d'être rattrapé par un véhicule plus rapide doit toujours laisser le passage en se rabattant sur la voie de droite dès que possible. Peu importe si l'autre véhicule roule au-delà de la vitesse maximale autorisée, car obstruer la voie de gauche est dangereux.

Attention

Faciliter l'accès

Lorsque des véhicules s'apprêtent à entrer sur l'autoroute, il faut, dans la mesure du possible, leur faciliter l'accès en se déportant sur les voies de gauche.

SE RAVISER

Avant de s'engager dans un dépassement, il faut s'assurer que les conditions de sécurité sont réunies pour l'effectuer sans risque ou, à défaut, y renoncer momentanément.

RABATTEMENT

Le conducteur qui termine son dépassement informe les autres usagers de la fin de sa manœuvre en actionnant son clignotant droit.

CONTRÔLE

Le conducteur ne doit entamer sa manœuvre de dépassement qu'après s'être assuré dans ses rétroviseurs qu'aucun véhicule arrivant à l'arrière ne s'apprête à le doubler.

La circulation nocturne

Même si la circulation y est à sens unique, circuler de nuit à vitesse élevée sur une autoroute reste dangereux.

Éclairage

Les conditions d'utilisation des feux sur route s'appliquent également sur le réseau autoroutier. Les feux de route doivent être remplacés par les feux de croisement lorsqu'on suit un véhicule, avant et pendant un dépassement, lorsque l'on est soi-même dépassé, quand l'autoroute est éclairée et en cas de croisement avec un autre usager venant en sens inverse si le terre-plein central ne protège pas de l'éblouissement.

Éblouissement

Pour éviter d'être ébloui par les phares des autres usagers, il faut mettre le rétroviseur intérieur en position « nuit » dès que la nuit est tombée. Le port de lunettes de soleil est déconseillé car il risque d'altérer la vision vers l'avant du véhicule.

Sécurité

La nuit, le risque d'accident est deux fois plus élevé que le jour.
Il faut respecter quelques principes impératifs :
– éviter de conduire entre 2 et 4 heures du matin (les capacités et la vigilance sont alors les plus faibles) et avoir pris un temps de repos suffisant avant de partir ;
– avoir préparé le véhicule et le trajet minutieusement ;
– s'alimenter légèrement et s'abstenir de consommer de l'alcool ;
– éviter de prendre des médicaments incompatibles avec la conduite ;
– s'arrêter au moins toutes les deux heures et impérativement dès les premiers signes de fatigue (irritabilité, tête lourde, impression d'avoir trop chaud ou d'être serré dans ses vêtements, besoin de changer de position en permanence, picotements dans les yeux, impression que les autres conduisent mal, crispation du cou et des épaules).

L'autoroute

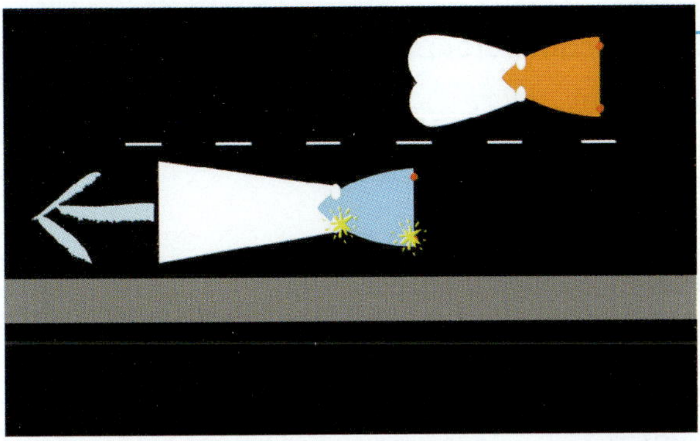

VIGILANCE

Le caractère rectiligne de l'autoroute ne dispense pas le conducteur d'être attentif, de nuit, en raison de sa vitesse élevée.

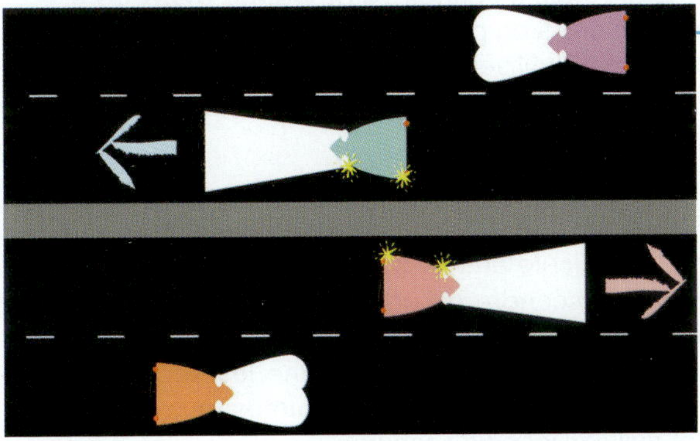

ÉBLOUISSEMENT

Le fait de regarder même furtivement les feux de route des véhicules arrivant de face peut générer un éblouissement ponctuel.

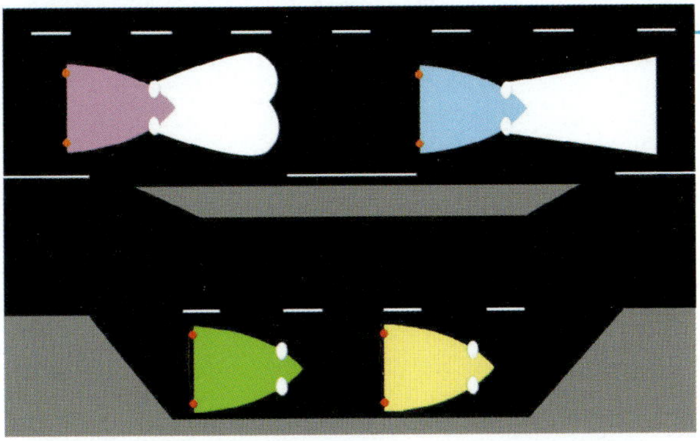

AIRE DE REPOS

Les autoroutes sont jalonnées d'aires de repos pour permettre aux conducteurs de s'arrêter quelques instants en toute sécurité.

Manœuvres interdites

Pour un maximum de sécurité, certaines manœuvres sont rigoureusement interdites car elles risquent de surprendre les autres conducteurs.

Changement de direction

En toute circonstance, il est interdit :
- de faire marche arrière ;
- de faire demi-tour ;
- de traverser le terre-plein central ;
- de circuler sur la bande d'arrêt d'urgence.

Ces manœuvres étant très dangereuses, elles entraînent un retrait de 4 points, une amende de 135 euros et une possible suspension du permis de conduire.

Arrêt et stationnement

Il est également interdit de stationner ou de s'arrêter sur les voies de circulation, sur le terre-plein central, **sur la bande d'arrêt d'urgence** (réservée aux véhicules en panne et de service) et sur l'accotement. Pour s'arrêter, il faut utiliser les aires de repos spécialement aménagées à cet effet que l'on trouve tous les 15 km environ.

Panne

En cas d'urgence ou de nécessité absolue (panne, accident, crevaison, etc.), **le conducteur doit se garer sur la bande d'arrêt d'urgence et signaler son véhicule en allumant ses feux de détresse.** Les passagers doivent descendre du côté droit et se placer rapidement derrière le rail de sécurité en attendant que le conducteur remette le véhicule en marche ou qu'il prévienne les services de secours (les postes d'appel d'urgence sont implantés tous les 2 km et reliés directement aux services de secours).

À titre dérogatoire, il n'est pas obligatoire d'aller installer le triangle de sécurité en amont du véhicule lorsque les conditions sont dangereuses (mauvaise visibilité, trafic dense, etc.). En revanche, **le port du gilet de sécurité est obligatoire avant de sortir du véhicule**.

Attention

Sens interdit

Ce panneau est désormais implanté aux abords des bretelles de sortie des autoroutes et des routes à chaussées séparées pour éviter les entrées à contresens.

L'autoroute

STATIONNEMENT DANGEREUX

La voie d'accélération d'une autoroute ne constitue en aucun cas un endroit ouvert au stationnement (risque d'encastrement).

B.A.U. INTERDITE

La circulation sur la bande d'arrêt d'urgence est interdite même pour s'engager sur une aire de repos, et il faut atteindre la voie de décélération pour se déporter sur la droite.

VOIE INTERDITE

Lorsque l'autoroute comporte plus de deux voies, les poids lourds n'ont pas le droit de circuler sur la voie la plus à gauche, même pour effectuer un dépassement.

L'autoroute

Les réflexes à avoir

1 Entrée
Prendre suffisamment de vitesse sur la voie d'accélération pour s'insérer dans le flot de circulation sans contraindre les autres véhicules à freiner.

2 Conduite à droite
Comme sur l'ensemble du réseau routier, il faut systématiquement rouler à droite et n'utiliser les autres voies que pour effectuer un dépassement.

3 Clignotant
L'utilisation du clignotant gauche est obligatoire pour changer de file lors d'un dépassement et celle du clignotant droit recommandée pour se rabattre à la fin de la manœuvre.

4 Pause
Un arrêt d'une vingtaine de minutes toutes les deux heures, sur les aires de repos implantées le long du parcours, est recommandé pour prévenir les risques de fatigue.

Les pièges à éviter

1 Dépassement par la droite
Il est interdit d'effectuer un dépassement par la droite même lorsque le véhicule débordé se maintient abusivement sur les voies de gauche.

2 Attendre pour accélérer
Aux abords de l'autoroute, il ne faut pas accélérer trop tôt, mais attendre d'être sur la voie d'accélération pour prendre de la vitesse.

3 Ticket
La prise du ticket de péage est obligatoire et sa perte entraîne, à la sortie, le paiement du parcours le plus long.

4 Vitesse minimale
Il ne faut pas circuler à une vitesse anormalement réduite et il est interdit d'emprunter la voie la plus à gauche lorsque l'on circule à moins de 80 km/h.

5 Distance de sécurité
Lorsqu'un conducteur s'apprête à rattraper un véhicule, il ne doit pas trop le serrer car l'affolement d'un conducteur est très souvent source de danger sur autoroute où les vitesses sont élevées.

À retenir

- Circuler sur la file de droite et n'emprunter les voies de gauche que pour les manœuvres de dépassement ou pour faciliter l'accès aux véhicules circulant sur la voie d'accélération.
- Il est interdit d'emprunter la voie la plus à gauche à moins de 80 km/h.

- Prendre suffisamment de vitesse sur la voie d'accélération, dans les limites légales, pour s'insérer sans gêne dans le flot de circulation en utilisant son clignotant.
- En entrant sur l'autoroute, ne pas forcer le passage car la priorité à droite ne s'applique pas sur les autoroutes.

- À la barrière de péage, se diriger vers les cabines ouvertes qui sont signalées par une flèche verte.
- Vérifier périodiquement l'arrimage du chargement lorsqu'il est installé sur le toit du véhicule en raison de la prise au vent importante provoquée par les vitesses élevées.
- L'accès des autoroutes est interdit aux piétons, aux cyclistes, aux cavaliers, aux véhicules non immatriculés ou dont la vitesse ne dépasse pas 40 km/h.
- Le montant du droit de passage – qui varie selon le réseau autoroutier emprunté, la distance parcourue et le type de véhicule – peut être acquitté en monnaie, par chèque, par carte bancaire ou par prélèvement (télépéage).
- La perte du ticket de péage entraîne le paiement de la distance la plus longue du réseau emprunté.

L'autoroute

Les réflexes à avoir

1 Distance de sécurité

Il faut toujours laisser un écart correspondant, au minimum, à deux traits de la ligne de rive séparant la voie de droite de la bande d'arrêt d'urgence entre son véhicule et celui qui est devant.

2 Ralentissement

Lorsque les véhicules qui précèdent allument leurs feux « stop », il faut utiliser ses feux de détresse pour informer les conducteurs arrivant derrière.

3 Chargement

La vitesse doit être adaptée à l'état du véhicule et à son chargement, notamment lorsqu'il est disposé sur le toit (prise au vent).

4 Sortie

Pour quitter l'autoroute, il faut se placer sur la voie de droite, mettre son clignotant pour avertir les autres conducteurs et ralentir dès que l'on se trouve sur la voie de décélération.

5 Péage

À la barrière de péage, s'orienter vers les cabines ouvertes qui sont signalées par une flèche verte en fonction du type de paiement accepté.

Les pièges à éviter

1 Bande d'arrêt d'urgence

Circuler ou s'arrêter sur la bande d'arrêt d'urgence est strictement interdit, sauf panne ou cas d'urgence (crevaison, malaise, etc.).

2 Voie de gauche

La circulation sur la voie située le plus à gauche est interdite aux véhicules de plus de 3,5 t et à ceux dont la longueur totale dépasse 7 m.

3 Freinage brutal

Il faut se déporter suffisamment à l'avance pour doubler un véhicule afin de prévenir tout risque de collision en cas de freinage brutal.

4 Changement de direction

Il est rigoureusement interdit d'effectuer une marche arrière ou un demi-tour sur l'autoroute pour quelque motif que ce soit (erreur d'itinéraire, sortie dépassée…).

5 Pluie

Lorsque la chaussée est mouillée, et même s'il ne pleut plus, il faut actionner ses essuie-glaces à l'approche des poids lourds dont les pneus projettent d'importantes quantités d'eau qui nuisent à la visibilité.

À retenir

- ⏭ Sur les autoroutes à plus de deux voies de circulation, la file la plus à gauche est interdite aux véhicules de plus de 3,5 t ou d'une longueur supérieure à 7 m (poids lourd, voiture avec remorque ou caravane).
- ⏭ À 130 km/h, il faut respecter une distance de sécurité minimale de 90 m avec le véhicule précédent, soit l'équivalent de deux traits de la ligne séparant la voie de droite de la bande d'arrêt d'urgence.
- ⏭ L'usage du clignotant gauche est obligatoire pour changer de file et celui du clignotant droit est recommandé pour informer les autres usagers de son intention de se rabattre sur la file de droite.
- ⏭ Il est interdit de faire marche arrière, demi-tour, de traverser le terre-plein central et de circuler sur la bande d'arrêt d'urgence.
- ⏭ En cas de stationnement sur la bande d'arrêt d'urgence, allumer ses feux de détresse et/ou installer son triangle de présignalisation, placer les passagers derrière la barrière de sécurité et alerter les services de secours.
- ⏭ Faire une pause d'une vingtaine de minutes toutes les deux heures permet de retarder les premiers signes de fatigue.
- ⏭ De nuit, éviter de partir trop tôt, de consommer de l'alcool ou des médicaments et s'arrêter aux premiers signes de fatigue (picotement des yeux, crispation du cou et des épaules, tête lourde, etc.).

3 La route

1

Le salage de la chaussée enneigée supprime tout risque de glissade.

A OUI B NON

2

Par temps de neige, il faut réduire sa vitesse de moitié.

A OUI B NON

3

Dans cette rue, je roule en feux :

- A de position
- B de croisement
- C de route

4

Dans un virage, la force centrifuge déporte le véhicule :

vers l'intérieur	A OUI	B NON
vers l'extérieur	C OUI	D NON

5

Après ce panneau, je pourrai circuler à :

- A 80 km/h
- B 110 km/h
- C 130 km/h

6

La voie de droite est réservée aux véhicules lents sur 150 m.

A OUI B NON

1 B / 2 A / 3 B / 4 B et C / 5 A / 6 B

7

La voie de droite est réservée à :

A une vitesse inférieure à 40 km/h.

B une vitesse égale ou inférieure à 60 km/h.

C une vitesse inférieure à 90 km/h.

8

Sur cette route, la vitesse est limitée à :

A 50 km/h

B 70 km/h

C 80 km/h

D 110 km/h

9

À 130 km/h, la distance d'arrêt est d'environ :

A 50 m.

B 100 m.

C 170 m.

10

Le marquage au sol m'aide à évaluer l'espace de sécurité :

A OUI

B NON

Je suis à plus de 2 secondes du véhicule devant moi :

C OUI

D NON

11

La visibilité est inférieure à 50 m, je dois :

A réduire ma vitesse à 10 km/h.

B réduire ma vitesse à 30 km/h.

C réduire ma vitesse à 50 km/h.

12

À la hauteur du panneau, la vitesse est :

A limitée à 50 km/h.

B limitée à 90 km/h.

C limitée à 110 km/h.

7 B / 8 C / 9 C / 10 AC / 11 C / 12 A

13

Quelle que soit la vitesse, le contrôle de trajectoire (ESP) évite les sorties de route en virage.

A OUI

B NON

14

Je peux rester sur la voie centrale tant qu'aucun véhicule ne me suit.

A OUI

B NON

15

La vitesse est limitée à 70 km/h en raison :

A de l'absence de visibilité

B du rayon du virage

C de la proximité de la forêt

16

Le temps de réaction est deux fois plus court à 50 km/h qu'à 100 km/h.

A OUI

B NON

17

Pour réduire la durée de mon dépassement, je peux momentanément dépasser les 130 km/h sur l'autoroute.

A OUI

B NON

18

Je peux mettre mon clignotant et déboîter sur la voie de gauche.

A OUI

B NON

13 B / 14 B / 15 A et B / 16 B / 17 B / 18 B

19

Lors de croisement la nuit, je m'oblige à regarder vers :

A la zone A B la zone B

20

La chaussée est particulièrement glissante quand la pluie :

A commence à tomber

B tombe depuis longtemps

21

L'apprenti en conduite accompagnée doit circuler à :

A 50 km/h en agglomération.

B 90 km/h sur route.

22

Je roule à 50 km/h, je ralentis.

A OUI B NON

23

Je peux dépasser par la droite un véhicule lent qui circule sur la voie centrale.

A OUI B NON

24

En cas de pic de pollution, si je roule à 130 km/h, je risque :

– une amende. A OUI B NON

– un retrait de points. C OUI D NON

19 B / 20 A / 21 A / 22 B / 23 B / 24 AC

25

Pour réduire ma consommation :

– je retire le pied de l'accélérateur : **A** OUI **B** NON

– je rétrograde jusqu'en deuxième : **C** OUI **D** NON

26

Je peux encore changer de file et me porter sur la voie de gauche.

A OUI **B** NON

27

Avec un véhicule équipé de l'ABS, sur terrain sec, les distances d'arrêt sont fortement réduites :

A OUI **B** NON

28

Je suis bien placé pour aller à Rouen.

A OUI **B** NON

29

La bande d'arrêt d'urgence, sur une autoroute, permet de s'arrêter :

A le temps d'une pause.

B en cas d'absolue nécessité.

30

Rouler à 120 km/h sur autoroute pendant 100 kilomètres :

– permet d'économiser du carburant

A OUI **B** NON

– faire perdre environ

C 4 minutes **D** 20 minutes

25 AD / 26 B / 27 B / 28 B / 29 B / 30 A et C

31

À 130 km/h, il me faut environ :

- **A** 25 m pour m'arrêter.
- **B** 50 m pour m'arrêter.
- **C** 170 m pour m'arrêter.

32

La nuit, les usagers conduisent souvent plus vite que la vitesse autorisée parce que :

- **A** la circulation est plus fluide.
- **B** le risque d'accident est plus faible.
- **C** la perception du risque est faussée.

33

Par temps de pluie, les vitesses sont :

- **A** ramenées à 110 km/h sur autoroute.
- **B** ramenées à 80 km/h sur route.
- **C** ramenées à 30 km/h en agglomération.

34

Conduire avec les vitres ouvertes entraîne une surconsommation importante de carburant :

– en agglomération **A** OUI **B** NON

– sur autoroute **C** OUI **D** NON

35

Le champ de vision du conducteur passe de 100° à 30° lorsqu'il porte sa vitesse de 40 km/h à 130 km/h.

A OUI **B** NON

36

Par temps de brouillard, je peux utiliser simultanément mes feux de croisement et de brouillard.

A OUI **B** NON

31 C / 32 A et C / 33 AB / 34 B et C / 35 A / 36 A

La circulation

Les règles de circulation
La circulation en file
Changement de direction
Comment tourner ?
Le virage

Intersections et priorités

Les règles de priorité
La signalisation de priorité
« Cédez le passage »
Les routes prioritaires
« Stop »
Le carrefour giratoire
Comment sortir d'un rond-point ?
Les véhicules prioritaires
Les piétons

Croisements et dépassements

Les règles de croisement
Les règles de dépassement
Quand est-il permis de dépasser ?
Quand est-il interdit de dépasser ?

Les autres usagers

TESTS

4

Circuler avec les autres usagers

Les règles de circulation

Le conducteur circule sur la droite de la chaussée. Si la route comporte plusieurs voies, il se maintient à droite, sauf si cette voie est réservée à une autre catégorie de véhicules.

⏭ Positionnement à droite

Le conducteur doit se tenir **sur le côté droit de la chaussée, au milieu de sa voie de circulation**. En agglomération, il limite ainsi les risques d'accrochage avec les véhicules en stationnement ainsi qu'avec les usagers qui peuvent surgir sur sa droite (piéton, cycliste, etc.). Hors agglomération, il évite également les déformations que l'on trouve en général sur les bords de la chaussée (trous, flaques d'eau, etc.). Si la voie comporte plusieurs files, il doit rester sur celle de droite et n'utiliser la voie de gauche que pour dépasser.

⏭ Intersection

Il ne faut pas s'engager dans une intersection encombrée, sous peine d'y rester bloqué et de gêner le passage des autres véhicules.

⏭ Stationnement

Lorsqu'il s'apprête à quitter un stationnement, le conducteur **n'est pas prioritaire** et doit s'insérer dans la circulation sans gêner les autres usagers. Avant de déboîter, il les avertit de son intention en utilisant son clignotant.

⏭ Voies réservées

Il est interdit de circuler sur les **bandes d'arrêt d'urgence** et sur **les voies réservées aux véhicules de transport en commun**. Le non-respect de cette règle est sanctionné par un retrait de 3 points.

⏭ Vitesse

La vitesse doit être adaptée au lieu fréquenté. Le **maximum** est fixé à :
- 50 km/h en ville ;
- 80 km/h ou 90 km/h sur certaines routes (80 km/h en cas de pluie) ;
- 110 km/h sur route à chaussées séparées par un terre-plein central (100 km/h en cas de pluie) ;
- 130 km/h sur autoroute (110 km/h en cas de pluie).

Il faut adapter sa vitesse aux conditions de circulation pour ne pas gêner les autres usagers ; par exemple, une vitesse anormalement réduite risque de les surprendre.

CONDUITE À DROITE

Même sur une route à sens unique comportant deux voies de circulation, il faut emprunter la file située le plus à droite.

INTERSECTION BLOQUÉE

Quelle que soit la règle de priorité applicable, il ne faut pas s'engager dans une intersection encombrée afin de ne pas s'y retrouver immobilisé.

DÉPASSEMENT À GAUCHE

La voie située le plus à gauche ne sert que pour effectuer une manœuvre de dépassement, même s'il s'agit d'une chaussée à sens unique.

La circulation en file

On parle de circulation en file, sur une chaussée comportant plusieurs voies, lorsque toutes ces voies sont occupées par des véhicules qui se suivent de façon ininterrompue.

Circulation réglementée

Le conducteur doit **circuler au centre de sa voie** en restant vigilant car la proximité des autres véhicules augmente les risques d'accrochage. Il faut notamment faire attention aux deux-roues qui circulent entre les voies ainsi qu'aux feux « stop » des véhicules qui précèdent. En cas de ralentissement brusque et important de sa file, le dernier conducteur doit actionner **ses feux de détresse** pour prévenir du danger les usagers arrivant derrière.

Changement de file

Le changement de file est **réservé aux changements de direction**. Il convient alors d'avertir les autres usagers avec le clignotant en faisant attention à l'angle mort à gauche comme à droite.

Manœuvres interdites

Dans une circulation en file, il est interdit :
– de slalomer entre les files ;
– d'emprunter la troisième voie si l'on roule à moins de 80 km/h ou si l'on conduit un véhicule de plus de 3,5 t ou un ensemble de véhicules de 7 m de long ;
– de s'arrêter trop près du véhicule qui précède ;
– de déboîter brusquement.

Attention

Débordement par la droite

En cas de circulation ininterrompue sur toutes les voies, le conducteur peut déborder les véhicules d'une autre file par la droite. Cette manœuvre n'est pas considérée comme un dépassement.

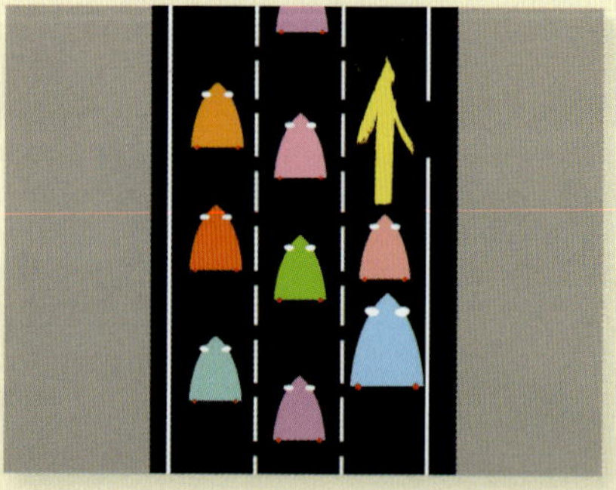

La circulation

DISTANCE DE SÉCURITÉ

La conduite en file ne dispense pas le conducteur de maintenir une distance de sécurité suffisante avec les véhicules qui le précèdent.

RESTER SUR SA FILE

Même si la circulation sur la file de gauche lui semble plus rapide, le conducteur doit rester sur sa voie de circulation lorsque le trafic est dense.

CHOIX DE LA VOIE

Le conducteur qui sait devoir changer prochainement de voie pour tourner à gauche doit anticiper et se placer sur la file correspondant à sa direction pour faciliter sa manœuvre.

Changement de direction

Avant tout changement de direction, le conducteur doit s'assurer que la voie qu'il veut emprunter n'est pas interdite. Il utilise son clignotant avant de débuter sa manœuvre.

Avant de tourner

Il faut s'assurer que la manœuvre est possible en vérifiant que la signalisation n'interdit pas d'emprunter la voie désirée. Pour éviter de freiner brutalement et de surprendre les véhicules qui suivent, le conducteur **doit anticiper sa manœuvre** et ralentir à l'approche de l'intersection. Il s'assure qu'aucun deux-roues ne le déborde du côté vers lequel il s'apprête à tourner.

Clignotant

Peu avant d'engager sa manœuvre, le conducteur **signale son intention** aux autres usagers en utilisant son clignotant. Lorsque plusieurs voies transversales se succèdent, il doit utiliser son clignotant à l'approche de celle qu'il a choisie, et non pas trop tôt, pour éviter tout risque de confusion. De même, le clignotant doit être éteint dès la fin du changement de direction pour éviter une mauvaise interprétation par les autres usagers.

Respect des priorités

L'utilisation du clignotant est obligatoire mais ne confère **aucun caractère prioritaire**. Le conducteur doit respecter les règles de priorité, notamment s'arrêter et céder le passage aux piétons lorsque la signalisation leur accorde la priorité ou lorsqu'ils sont déjà engagés sur la chaussée.

Attention

Accéder à une route prioritaire

Lorsqu'il aborde une route prioritaire, le conducteur doit s'assurer qu'aucun véhicule circulant sur celle-ci n'effectue un dépassement.

La circulation

TOURNER À GAUCHE

La voie de stockage munie d'une flèche orientée vers la gauche ne doit être empruntée que par les véhicules qui se dirigent à gauche.

CLIGNOTANT OBLIGATOIRE

Le conducteur s'apprêtant à tourner à droite actionne son clignotant bien avant de s'engager sur la voie de dégagement.

CÉDEZ LE PASSAGE

Le marquage au sol permet de tourner à gauche mais, après avoir mis son clignotant, le conducteur doit attendre que les véhicules arrivant de face soient passés.

Comment tourner ?

Tourner à droite

Il convient d'abord de **serrer à droite** en vérifiant qu'aucun deux-roues ne s'est intercalé entre son véhicule et le bord de la chaussée, puis d'**utiliser son clignotant**. Sur une route composée de plusieurs couloirs de circulation, emprunter celui qui est équipé de flèches orientées vers la droite.

Tourner à gauche

– Sur une chaussée à sens unique : emprunter la voie la plus à gauche.
– Sur une route à double sens : serrer à gauche sans dépasser l'axe de la chaussée et tourner en contournant le centre de la chaussée.
– Sur une route à trois voies : emprunter la voie centrale.
– Sur une route composée de plusieurs voies : emprunter le couloir de circulation équipé de flèches orientées vers la gauche.

Attention

Arrêt sur la voie

Avant de tourner à gauche, le conducteur doit s'arrêter pour laisser passer le véhicule arrivant en face. Il immobilise son véhicule dans l'axe de la chaussée et serre sur le bord gauche de sa voie de circulation pour faciliter le passage des véhicules qui le suivent.

VOIE SÉPARÉE

Parfois, une voie séparée est dédiée aux véhicules tournant à droite ou à gauche.

CHOISIR LA FILE

Le changement de direction vers la droite ou vers la gauche n'est possible, ici, que sur les voies latérales car celle du milieu est réservée aux véhicules allant en face.

TOURNER À GAUCHE

Le conducteur désirant virer à gauche est obligé de se placer sur la voie de gauche comme le lui indique la flèche directionnelle implantée sur le sol.

Le virage

Avant d'aborder un virage, le conducteur doit adapter sa vitesse. Plus la courbe est serrée, plus il lui faut ralentir pour éviter d'être déporté vers l'extérieur de la chaussée.

Force centrifuge

Dans un virage, la force centrifuge **déporte le véhicule vers l'extérieur de la chaussée** et tend à lui imposer une trajectoire rectiligne. Plus le virage est serré, plus cette force est importante. Elle est multipliée par 4 quand la vitesse est doublée.
Le conducteur doit tenir compte de l'état de son véhicule et de son chargement : des pneus usés ou mal gonflés entraînent une adhérence précaire, et un chargement important, notamment sur le toit, accentue le phénomène de déportation vers l'extérieur.

Visibilité

Selon l'angle du virage et sa configuration (bâtiment, végétation, talus, etc.), la visibilité est plus ou moins réduite.
Le conducteur doit observer la signalisation en place et orienter son regard le plus loin possible devant lui pour rechercher la sortie ou la fin de la courbe. Pour maintenir une bonne trajectoire, il est nécessaire de tenir le volant à deux mains, de suivre la courbe et de corriger les éventuels écarts.

Freinage

Le conducteur ralentira, en levant le pied ou en freinant légèrement, **avant d'aborder le virage**. En revanche, en freinant en milieu de virage, il risque de bloquer ses roues et de voir son véhicule glisser tout droit.

Vitesse

La vitesse doit être adaptée au véhicule et à la configuration des lieux. Si le virage est abordé trop vite, le véhicule **risque de déraper** et le conducteur de perdre son contrôle. Les roues n'ont alors plus d'adhérence et glissent latéralement.
Pour contrecarrer la force centrifuge, le conducteur peut accélérer légèrement au milieu du virage.

VIRAGE À GAUCHE

Le panneau est implanté 150 m environ avant le virage à gauche afin de permettre au conducteur de réduire sa vitesse et de se préparer à la manœuvre.

VIRAGE À DROITE

Une double indication est fournie au conducteur avec l'annonce d'un virage à droite et d'une réduction de la vitesse qui lui permet de déduire le caractère dangereux du virage.

VIRAGES SUCCESSIFS

L'ordre précis des virages est indiqué par le panneau et le conducteur sait ainsi qu'il va devoir, dans une centaine de mètres, virer à gauche puis à droite.

La circulation

Les réflexes à avoir

1 Circulation

Le conducteur doit toujours circuler à droite de la chaussée et au centre de sa voie de circulation. Lorsque la chaussée comporte plusieurs voies, il faut rester sur celle qui est située le plus à droite et n'utiliser les autres que pour les dépassements.

2 Clignotant

L'usage du clignotant est obligatoire avant de changer de direction pour informer les autres usagers.

3 Marquage au sol

Si la chaussée comporte plusieurs couloirs de circulation, il faut placer son véhicule sur le couloir qui présente les flèches orientées dans la direction souhaitée.

4 Virage

Du fait de la force centrifuge qui déporte le véhicule vers l'extérieur du virage, il est indispensable de réduire sa vitesse avant d'aborder la courbe.

Les pièges à éviter

1 Bloqué à une intersection

Avant de s'engager sur un carrefour, le conducteur doit s'assurer qu'il ne restera pas bloqué au milieu de l'intersection pour ne pas gêner le passage des véhicules arrivant des axes transversaux.

2 Respect des piétons

Même lorsqu'ils traversent en dehors des passages qui leur sont réservés, il faut toujours laisser passer les piétons.

3 Slalom

Il est interdit de se faufiler entre les véhicules, même lorsque l'espace est suffisant pour s'y insérer, sous peine de gêner les autres usagers.

4 Clignotant non prioritaire

Le seul fait d'actionner son clignotant, pour changer de file ou pour quitter un stationnement, ne confère aucune priorité. Il faut céder le passage.

5 Voies réservées

Circuler sur les voies réservées à certaines catégories de véhicules est strictement interdit, même brièvement.

À retenir

- Le conducteur circule à droite de la chaussée et au milieu de sa voie de circulation. Il ne peut emprunter les autres files que pour les dépassements et les changements de direction.
- Les changements de direction ou de file de circulation doivent être signalés par l'utilisation du clignotant, mais celui-ci ne confère aucune priorité.

- Lorsque plusieurs voies transversales se suivent, utiliser son clignotant après le passage devant la voie précédant celle choisie pour éviter tout risque de confusion chez les autres usagers.
- Il est interdit d'emprunter la troisième file d'une chaussée à double sens de circulation en cas de vitesse inférieure à 80 km/h et de conduite d'un véhicule de plus de 3,5 t ou de 7 m.
- Avant de tourner à droite ou à gauche, ralentir, mettre son clignotant, regarder dans les rétroviseurs et placer le véhicule sur le bord de la chaussée correspondant au côté du virage.
- Laisser toujours traverser les piétons engagés sur la chaussée même lorsqu'ils traversent en dehors des passages qui leur sont réservés.

- Sur une chaussée comportant plusieurs couloirs de circulation, se placer sur celui dont la flèche indique la direction désirée. En présence de plusieurs couloirs indiquant la même direction, se placer sur celui qui est le plus à droite.
- Réduire sa vitesse avant de s'engager dans un virage pour lutter contre la force centrifuge qui déporte le véhicule vers l'extérieur.
- Déborder par la droite des véhicules immobilisés sur les autres voies, dans le même sens de circulation, n'est pas considéré comme une manœuvre de dépassement.

Les règles de priorité

À une intersection, le conducteur doit respecter la signalisation de priorité en place. À défaut, il doit céder le passage aux véhicules arrivant à sa droite.

Priorité à droite

En l'absence de signalisation, la priorité à droite **s'impose à tous les usagers**, quel que soit le type de véhicule utilisé (auto, vélo, moto, cyclomoteur, tracteur, etc.). Généralement, l'absence de signalisation s'explique par l'étroitesse des voies et la faible densité de leur trafic. Il faut néanmoins ralentir à l'approche de l'intersection.

Règle de courtoisie

Lorsque plusieurs véhicules arrivent simultanément sur les différents axes de l'intersection et que chacun se trouve à la gauche d'un autre, l'ordre de passage est laissé à l'appréciation des conducteurs. La taille des véhicules n'a aucune importance.

Chemin de terre

Le fait de circuler sur une voie sans asphalte n'implique pas systématiquement la perte de la priorité à droite. Tout dépend de la nature de la voie :
– la règle s'applique sur un chemin appartenant au domaine public ;
– le conducteur circulant sur une voie privée doit céder le passage.

Attention

Ordre de passage

Faute de signalisation, chaque conducteur doit laisser passer le véhicule qui se trouve à sa droite. La voiture rouge passe la première, suivie par la voiture bleue. La voiture verte attend que l'intersection soit libre pour passer.

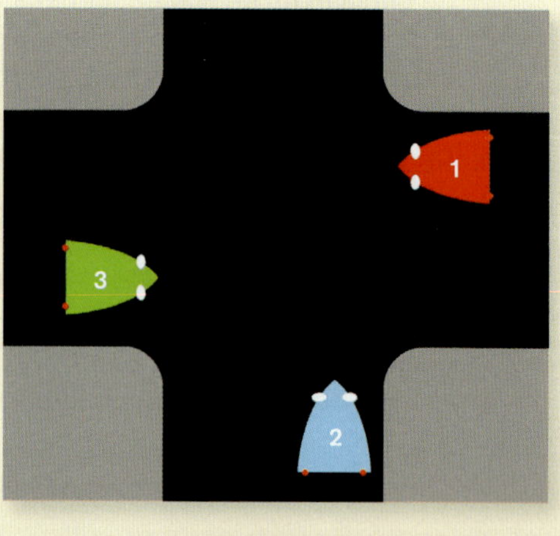

Intersections et priorités

SANS PANNEAU

En l'absence d'une signalisation spécifique contraire, la règle de la priorité à droite s'applique d'office.

SORTIE DE GARAGE

Le conducteur circulant sur la voie principale n'a pas à laisser la priorité de passage à un véhicule sortant d'une voie privée ou d'un parking.

CÉDEZ LE PASSAGE

La ligne pointillée sur la chaussée informe les automobilistes que le véhicule vert ne bénéficie pas d'une priorité de passage même s'il vient de la droite.

La signalisation de priorité

En présence de panneaux, la règle de la priorité à droite ne s'applique pas toujours. Le conducteur doit respecter les indications fournies par les panneaux mis en place.

⏭ Lecture des panneaux

La règle de base du code de la route selon laquelle la priorité doit être systématiquement laissée à tous les véhicules venant de droite ne joue plus en présence d'une signalisation contraire.

Attention

Panneaux de priorité

Plusieurs panneaux indiquent une priorité.

Arrêt obligatoire à la limite de la chaussée abordée ; céder le passage à droite et à gauche.

Céder le passage à tous les véhicules venant de droite.

Céder le passage aux usagers venant de droite et de gauche.

Priorité ponctuelle à la prochaine intersection.

Céder le passage aux usagers circulant sur le carrefour giratoire.

Priorité à toutes les intersections rencontrées.

Intersections et priorités

SENS DE CIRCULATION

Les règles de circulation sur un rond-point sont fréquemment rappelées par un panneau d'indication et par un panneau d'obligation.

PRÉSIGNALISATION

Le panneau de présignalisation permet de connaître la direction des voies avant même d'aborder le carrefour giratoire.

ABSENCE DE MARQUAGE

Les carrefours giratoires de petite taille ne sont pas munis de voies de circulation.

Comment sortir d'un rond-point ?

Clignotants

L'usage des clignotants est très important car il permet de renseigner les conducteurs qui s'apprêtent à s'insérer sur l'anneau ainsi que ceux qui s'y trouvent déjà. Le clignotant droit indique que le conducteur va emprunter la prochaine sortie. Il doit être actionné immédiatement après la sortie précédente.

Attention

Règles pour sortir

Pour quitter un rond-point comportant plusieurs voies de circulation, le conducteur doit utiliser la voie située le plus à droite. Lorsque la sortie désirée se trouve en face ou sur le côté gauche du rond-point, il peut se rapprocher du centre, puis se rabattre sur la droite à l'approche de la sortie.
En cas de doute sur la voie à emprunter, il doit rester sur la voie de droite.

Intersections et priorités

VOIE DE DROITE

Pour sortir du carrefour giratoire, le conducteur doit se placer sur la voie la plus à droite de la place en utilisant son clignotant droit.

SORTIE RATÉE

S'il n'est pas en mesure d'emprunter la sortie désirée en toute sécurité, le conducteur doit refaire le tour de la place plutôt que de tenter un changement de direction brutal.

DOUBLE SENS

Dès leur sortie du rond-point, les conducteurs ne doivent pas oublier que la circulation redevient à double sens.

Les véhicules prioritaires

Lorsqu'ils actionnent leurs sirènes et leurs gyrophares, les véhicules d'intervention d'urgence sont prioritaires. Les conducteurs doivent leur céder le passage.

Priorité de passage

Sont prioritaires sur tous les autres usagers, les véhicules :
- de police nationale et municipale ;
- de gendarmerie ;
- de lutte contre l'incendie ;
- d'intervention d'urgence (SAMU et SMUR) ;
- des douanes ;
- du ministère de la Justice affectés au transport de détenus.

Quand ils actionnent leurs avertisseurs sonores (sirènes) et lumineux (gyrophares de couleur bleue), il faut leur **céder ou leur faciliter le passage**, au besoin en se rangeant sur le bord de la chaussée ou même en « brûlant » prudemment un feu rouge. Ils ne sont pas assujettis à la signalisation (feux tricolores, marquage au sol, sens de circulation) et leur vitesse n'est pas limitée. Il est interdit de les suivre.

Facilité de passage

Bien que non prioritaires, **certains véhicules d'intervention rapide** bénéficient de facilités de passage : ambulances, véhicules de secours (gaz, électricité), de déneigement, de médecins d'urgence, etc.
Ils sont en principe tenus de respecter la signalisation, mais il faut leur permettre de circuler rapidement lorsqu'ils utilisent leurs avertisseurs sonores et lumineux.
En agglomération, les conducteurs doivent céder le passage aux **véhicules de transport en commun** lorsqu'ils quittent leur arrêt et faire attention aux passagers qui en montent et en descendent.

Véhicules lents

D'autres véhicules sont équipés de gyrophares de couleur jaune mais ne sont pas considérés comme prioritaires (tracteurs agricoles, véhicules de nettoyage, etc.). Il faut rester vigilant à leur approche car ils circulent généralement à vitesse très réduite.

Intersections et priorités

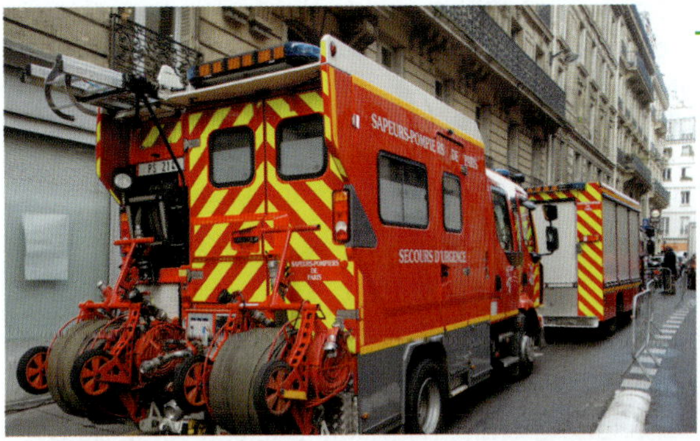

SECOURS

Lorsque les véhicules de secours occupent la chaussée que l'on souhaite emprunter, il faut choisir un autre itinéraire pour ne pas gêner leur intervention.

BUS À L'ARRÊT

À l'approche d'un véhicule de transport en commun immobilisé à un arrêt, il faut ralentir pour anticiper une possible manœuvre de déboîtement ou l'irruption de piétons.

VOIE RÉSERVÉE

Même s'il dispose d'une voie réservée, un véhicule de transport en commun peut changer de file et emprunter les autres voies de circulation.

Les piétons

Les piétons sont vulnérables et parfois imprévisibles pour les conducteurs. Il convient d'être prudent à leur approche, surtout s'il s'agit d'enfants ou de personnes âgées.

Qu'est-ce qu'un piéton ?

Toute personne ne se déplaçant pas à l'aide d'un engin ou d'un véhicule à moteur peut être considérée comme un piéton : marcheur, personne qui pousse un landau, qui tient à la main un deux-roues, qui se déplace en fauteuil roulant, etc.

Passage piétons

Les piétons doivent emprunter les passages piétons lorsqu'il en existe à moins de 50 mètres. À l'approche d'un passage piétons, le conducteur doit ralentir, s'arrêter et **céder le passage aux piétons déjà engagés. Les piétons sont prioritaires dès qu'ils manifestent la simple intention de s'engager sur la chaussée** : leur position sur le bord du trottoir, leur gestuelle ou leur allure indiquent qu'ils vont traverser. Il faut également laisser passer les piétons qui traversent la chaussée en dehors des passages qui leur sont réservés.

Enfants

Ils ne perçoivent pas la circulation comme les adultes en raison de leur petite taille et apprécient très mal les vitesses. Leur attention est limitée, et ils ne pensent plus du tout à la circulation sur la route lorsqu'ils jouent. Par conséquent, il est indispensable de faire preuve de **la plus grande prudence à leur approche** car ils peuvent avoir des réactions imprévisibles.

Personnes âgées

Les personnes âgées sont **vulnérables car elles se déplacent avec difficulté et ont des difficultés à voir et à entendre les véhicules**. La traversée de la voie peut prendre plus de temps pour elles. Il faut également tenir compte du fait qu'elles peuvent méconnaître les règles de circulation.

Zone de rencontre

Dans une zone de rencontre, les piétons peuvent circuler sur la chaussée et ont la priorité sur les véhicules **à l'exception du tramway**. Tous les véhicules peuvent y circuler, mais sans excéder la vitesse de 20 km/h.

Attention

Espace de sécurité

Hors agglomération, en l'absence de trottoir, le conducteur doit laisser un intervalle latéral de 1,50 m entre son véhicule et le piéton qu'il dépasse.

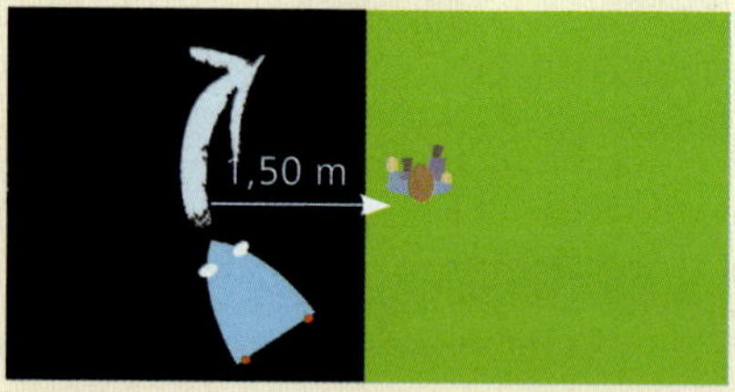

Intersections et priorités

ARRÊT OBLIGATOIRE

La présence de piétons sur le passage qui leur est réservé oblige le conducteur non seulement à s'immobiliser mais aussi à laisser quelques mètres entre son véhicule et les piétons.

PRINCIPE DE PRUDENCE

Il faut s'arrêter lorsque la position du piéton, sur le bord du trottoir, démontre clairement qu'il s'apprête à traverser.

ANTICIPER

En agglomération, devant la multitude de passages pour piétons, le conducteur doit réduire sa vitesse pour être en mesure de s'arrêter à tout moment.

Intersections et priorités

Les réflexes à avoir

1 Priorité
En l'absence de signalisation, c'est la priorité à droite qui s'applique quel que soit le type de véhicules abordant l'intersection (vélo, cyclomoteur, tracteur, etc.). Les conducteurs venant de gauche doivent céder le passage.

2 Hiérarchie
Les instructions données par les forces de l'ordre priment sur la signalisation. Les feux priment sur les panneaux.

3 « Cédez le passage »
Le conducteur doit s'arrêter pour laisser passer les véhicules circulant sur la route prioritaire, qu'ils viennent de droite ou de gauche.

4 « Stop »
L'immobilisation complète du véhicule est obligatoire à hauteur de la bande blanche peinte sur la chaussée qui accompagne le panneau.

5 Carrefour giratoire
Il faut utiliser la voie de droite pour entrer sur un rond-point sauf si la voie d'accès comporte au moins deux files.

Les pièges à éviter

1 Pas de priorité
Le conducteur qui fait le tour d'un carrefour giratoire peut circuler sur les voies proches du centre et se rabattre ensuite sur la file de droite avant sa sortie. Il n'est pas prioritaire lorsqu'il change de file.

2 1 m à 1,5 m
Avant de déborder un piéton ou un deux-roues circulant sur la chaussée, il faut laisser une distance latérale de sécurité d'au moins 1 m en agglomération et de 1,5 m hors agglomération.

3 Chemin de terre
Le véhicule circulant sur un chemin de terre peut être prioritaire si la chaussée appartient au domaine public et si aucune signalisation contraire n'est mise en place.

4 Vitesse excessive
Certaines intersections ne sont annoncées par aucun panneau et peuvent surprendre les conducteurs en cas de vitesse excessive.

5 Arrêt facultatif
L'arrêt complet du véhicule n'est pas obligatoire en présence d'un panneau « Cédez le passage » dès lors qu'aucun véhicule ne circule sur l'axe prioritaire.

À retenir

- La priorité à droite s'impose à tous les conducteurs en l'absence de signalisation contraire.
- En présence d'un panneau « Stop », il faut s'immobiliser à la hauteur de la bande blanche transversale qui l'accompagne.
- L'arrêt complet du véhicule est facultatif au panneau « Cédez le passage » lorsqu'aucun véhicule ne circule sur la route prioritaire.

- Si quatre véhicules abordent simultanément les quatre axes d'une intersection sans panneau de priorité, l'ordre de passage est laissé à la libre appréciation des conducteurs.
- Le panneau « Route prioritaire » accolé au panneau d'entrée d'agglomération indique que la voie conserve ce statut pendant toute la traversée de la commune.

- L'entrée sur un carrefour giratoire s'effectue toujours par la droite.
- Il est possible d'emprunter les voies de gauche pour faire le tour d'un carrefour giratoire puis de se rabattre sur la voie de droite pour en sortir.
- L'obligation d'utiliser les clignotants s'applique sur un rond-point pour signaler un changement de voie de circulation ou pour prévenir de sa prochaine sortie.
- Les instructions données par les forces de l'ordre priment sur la signalisation, et les feux tricolores priment sur les panneaux.

Intersections et priorités

Les réflexes à avoir

1 Clignotant obligatoire

Les conducteurs doivent utiliser leurs clignotants pour avertir les autres usagers avant d'effectuer tout changement de direction.

2 Véhicules d'intervention d'urgence

Les véhicules de la police et de la gendarmerie, des pompiers, des unités mobiles d'urgence (SAMU, SMUR), des douanes et des services pénitentiaires bénéficient d'une priorité absolue de passage lorsqu'ils actionnent leurs sirènes et leurs gyrophares.

3 Facilité de passage

Même si les autres véhicules d'intervention ne bénéficient pas d'une priorité, il faut leur faciliter le passage lorsqu'ils actionnent leurs avertisseurs sonores et lumineux.

4 Voie d'accès

Sur la voie d'accès à une route prioritaire, le conducteur doit prendre de la vitesse pour s'insérer dans le flot de la circulation sans gêner les autres usagers.

Les pièges à éviter

1 Transports en commun

Il faut céder le passage aux véhicules de transport en commun quittant leur arrêt.

2 Véhicules lents

Même lorsque leur gyrophare de couleur jaune est actionné, les tracteurs agricoles ou d'entretien, qui circulent à moins de 50 km/h, peuvent surprendre un conducteur arrivant trop vite.

3 Passage piétons

En l'absence de signalisation contraire, un piéton devient prioritaire dès qu'il s'engage sur un passage pour piétons.

4 Proximité d'enfants

Par leur petite taille et leur inexpérience, les enfants appréhendent mal les conditions de circulation et peuvent avoir des comportements imprévisibles pour les conducteurs.

5 Manœuvre interdite

Il est extrêmement dangereux de s'immobiliser ou de faire une marche arrière sur un rond-point.

À retenir

- Céder le passage aux véhicules prioritaires de la police, de la gendarmerie, des pompiers, des douanes, de l'administration pénitentiaire, du SAMU et du SMUR lorsqu'ils utilisent leurs sirènes et gyrophares.
- Maintenir une distance latérale de sécurité de 1 m en agglomération et de 1,50 m hors agglomération entre son véhicule et le piéton que l'on dépasse.

- Céder le passage aux véhicules de transport en commun qui quittent leur emplacement même s'il ne s'agit pas de véhicules prioritaires.
- Faciliter le passage aux véhicules non prioritaires qui actionnent leurs avertisseurs sonores et lumineux (ambulances, véhicules d'intervention EDF, médecins, etc.).
- S'arrêter pour laisser traverser les piétons même s'ils s'engagent hors d'un passage protégé.
- La priorité à droite s'applique sur un chemin de terre appartenant au domaine public.

- Rester vigilant à l'approche d'enfants présents aux abords de la chaussée : leurs réactions peuvent être imprévisibles.
- Le conducteur qui accède à une route prioritaire doit adapter sa vitesse, au besoin en accélérant, pour s'insérer dans la circulation sans gêner les autres usagers.
- Sur un carrefour giratoire, en cas de doute sur la sortie à emprunter, rester sur la voie de droite.

Les règles du croisement

En cas de croisement, il faut serrer à droite. Le véhicule qui se trouve face à un obstacle doit ralentir et/ou s'arrêter pour céder le passage aux véhicules arrivant en sens inverse.

Croisement par la droite

Dans une intersection, lorsqu'un véhicule tourne à gauche et que le véhicule arrivant en face tourne également à gauche, les deux usagers se croisent en **se contournant par l'arrière**.

Croisement à l'indonésienne

Certaines intersections sont aménagées (marquage au sol) pour que les véhicules puissent se croiser par la gauche sans avoir à se contourner. Le conducteur tourne devant le véhicule qui arrive en face. Ces carrefours aménagés s'appellent « carrefours à l'indonésienne ».

Croisement difficile

En cas de croisement difficile, il faut **serrer à droite de la chaussée**. Le conducteur du véhicule le plus encombrant (dimensions supérieures à 2 m de largeur et 7 m de longueur, remorques, caravanes) doit s'arrêter ou se garer pour faciliter le passage au véhicule plus petit. Cette règle ne s'applique pas aux véhicules prioritaires lorsqu'ils actionnent leurs sirènes et leurs gyrophares (véhicules de police, de gendarmerie, des douanes, de lutte contre l'incendie, SAMU et SMUR).

Attention

Croisement en pente

Sur les routes en pente, lorsque les conditions de circulation empêchent deux véhicules de se croiser, c'est au conducteur qui descend de s'arrêter le premier. Avec quelques exceptions :

– un véhicule unique doit reculer, même s'il monte, devant un ensemble de véhicules (voiture + remorque ou caravane, camion semi-remorque) ;

– un véhicule léger doit reculer face à un véhicule lourd ;

– un camion doit reculer face à un véhicule de transport en commun ou à une voiture tractant une caravane.

Croisements et dépassements

LIMITER LES RISQUES

Afin de limiter au maximum le risque en cas de croisement, il faut que le conducteur serre le plus possible son véhicule à droite.

OBSTACLE

Le conducteur du véhicule qui se trouve face à ces deux camionnettes doit laisser le passage au véhicule venant en sens inverse.

VÉHICULE PRIORITAIRE

En cas de croisement difficile, à fortiori impossible, avec un véhicule prioritaire, il convient de lui laisser le passage.

Les règles du dépassement

Les dépassements se font par la gauche. Avant de doubler, le conducteur doit soigneusement préparer sa manœuvre et y renoncer si les conditions de sécurité ne sont pas remplies.

Avant de dépasser

Il est indispensable de s'assurer que le temps de dépassement sera court et que l'état et la largeur de la chaussée permettront la manœuvre sans risque d'accrochage. Même pour doubler, le conducteur ne doit **pas dépasser la vitesse maximale autorisée**.

Il est souhaitable que la différence de vitesse avec le véhicule doublé soit supérieure à **20 km/h** afin que la manœuvre ne soit pas trop longue. De même, il convient de bien apprécier le temps nécessaire pour dépasser un poids lourd ou un ensemble de véhicules.

Avant de doubler plusieurs véhicules, il faut être sûr qu'il y aura **suffisamment de place pour se rabattre**. Au besoin, le conducteur peut se déporter légèrement sur la partie gauche de sa voie pour vérifier qu'aucun véhicule n'arrive en face.

La manœuvre de dépassement

Après avoir regardé dans ses rétroviseurs pour contrôler qu'aucun véhicule ne tente de le dépasser, et au moment de commencer sa manœuvre, le conducteur doit actionner son clignotant gauche pour avertir de son intention.

Il déboîte progressivement et à une distance suffisante pour ne pas risquer l'accrochage.

Il doit accélérer franchement et maintenir cette vitesse jusqu'à la fin de la manœuvre afin de libérer rapidement la voie de gauche.

En côte ou quand le moteur peine, rétrograder permet d'avoir une meilleure reprise.

Au moment de se rabattre

Le conducteur peut se rabattre lorsque le véhicule dépassé apparaît dans le rétroviseur intérieur. La vitesse doit être maintenue jusqu'à la fin du rabattement.

L'usage du clignotant droit est facultatif sur une route à double sens mais nécessaire sur une route à sens unique pour signaler le retour sur la voie de droite.

Croisements et dépassements

VISIBILITÉ

La bonne visibilité est une condition impérative du dépassement.

BONNE DISTANCE

Il convient de déboîter à une certaine distance du véhicule à dépasser.

RÉTROVISEUR

À partir du moment où le véhicule dépassé est visible dans le rétroviseur central, le conducteur peut rabattre son véhicule.

Quand est-il permis de dépasser ?

Un conducteur peut dépasser :

– plusieurs véhicules s'il est sûr de pouvoir se rabattre sans gêner la circulation et sans avoir à franchir une ligne blanche continue ;
– un deux-roues avant un virage ou au sommet d'une côte s'il laisse libre la partie gauche de la chaussée ;
– dans un virage ou en haut d'une côte quand une ligne blanche continue sépare les deux sens de circulation d'une chaussée à trois voies ;
– aux intersections où il a priorité ;
– sur un passage à niveau muni de barrières ;
– sur une route à trois voies en utilisant la voie centrale si elle est libre ;
– un cycliste en chevauchant une ligne continue si la visibilité le permet.

Attention

Dépassement à droite

Si la largeur de la voie le permet, il est possible de dépasser par la droite un véhicule qui tourne à gauche ou un tramway (sauf si des passagers en descendent du côté droit).

Croisements et dépassements

DEUX ROUES

Hors agglomération, il faut s'écarter d'au moins 1,5 mètre du deux-roues que l'on dépasse. En ville, il faut laisser 1 mètre minimum.

LIGNE BLANCHE

Une ligne blanche sépare les véhicules roulants en sens opposés, il est donc possible de doubler en haut de la côte.

TROIS VOIES

La voie du milieu est libre, le conducteur peut donc l'emprunter pour doubler le camion.

Quand est-il interdit de dépasser ?

Un conducteur ne doit jamais dépasser :

– quand la signalisation l'interdit par un panneau ou une ligne blanche continue ;
– quand la visibilité est insuffisante sur une route à double sens : virage, sommet d'une côte, brouillard, fumée, fortes pluies ou neige ;
– à la traversée d'une voie ferrée sans barrières, même un deux-roues ;
– sur la voie la plus à gauche d'une chaussée à trois voies à double sens ;
– aux intersections où il doit céder le passage ;
– à l'approche d'un passage piétons et s'il n'y a pas de visibilité ;
– au niveau de la première flèche de rabattement.

Attention

Panneaux d'interdiction de dépasser

Outre la signalisation au sol, des panneaux peuvent interdire le dépassement.

1 2

Interdiction de dépassement de tout véhicule à moteur à l'exception des véhicules à deux roues sans side-car (1). Dépassement interdit pour les véhicules de plus de 3,5 t (2).

Ces panneaux d'interdiction peuvent être complétés par un panonceau de distance, d'étendue ou de catégorie.

La fin d'interdiction est signalée par un de ces panneaux.

Croisements et dépassements

VISIBILITÉ

Avant de doubler, il faut légèrement se déporter sur la gauche de sa voie de circulation pour s'assurer qu'aucun véhicule n'arrive en face.

PASSAGE PIÉTONS

La proximité du passage piétons, et aussi d'une intersection où il faut céder le passage, doit empêcher le conducteur d'engager son véhicule dans un dépassement.

VOIE DE DÉPASSEMENT

Le panneau indique que la voie de dépassement touche à sa fin ; le conducteur ne peut donc pas lancer sa manœuvre de dépassement.

Croisements et dépassements

Les réflexes à avoir

1 Maîtrise du véhicule
En cas de croisement et en toute circonstance, il faut garder le contrôle de son véhicule :
– si le véhicule à croiser est lourd, tenir fermement le volant en raison du déplacement d'air ;
– s'il pleut ou si la route est mouillée, actionner les essuie-glaces en vitesse rapide un peu avant le croisement en prévision des projections.

2 Obstacle
Lorsqu'un obstacle se présente sur sa voie, ralentir, actionner ses feux de détresse, serrer à droite et céder le passage.

3 Dépassement
En cas de doute, il est plus prudent de renoncer à la manœuvre.

4 Angle mort
Avant de commencer à dépasser, le conducteur doit tourner la tête à gauche pour s'assurer qu'il n'y a pas de véhicule (invisible dans les rétroviseurs) caché dans « l'angle mort ».

5 Vitesse constante
Un conducteur sur le point d'être dépassé doit serrer à droite sans modifier sa vitesse ou, en cas de danger, ralentir pour faciliter le rabattement.

Les pièges à éviter

1 Croisement difficile
Il faut ralentir à l'approche d'un croisement difficile ou impossible pour évaluer les conditions de circulation et déterminer l'ordre de passage des véhicules.

2 Vitesse insuffisante
La différence de vitesse avec le véhicule dépassé doit être d'au moins 20 km/h pour que la manœuvre ne soit pas trop longue.

3 Distance de sécurité
Avant de dépasser plusieurs véhicules, il est nécessaire de s'assurer que l'espace laissé libre entre eux sera suffisant pour se rabattre sans provoquer de freinage brutal.

4 Absence de visibilité
Le dépassement sans visibilité est autorisé, mais uniquement sur une chaussée à sens unique ou sur une chaussée à plusieurs voies sur laquelle on est protégé de la circulation en sens inverse par une ligne continue.

5 Manœuvre dangereuse
Accélérer pour ne pas être dépassé constitue une infraction grave sanctionnée par une amende forfaitaire de 135 euros et un retrait de 2 points sur le permis.

À retenir

- Le conducteur qui se trouve face à un obstacle doit ralentir et/ou s'arrêter pour laisser le passage aux véhicules qui arrivent en sens inverse.
- En cas de croisement difficile, le conducteur du véhicule le plus encombrant doit céder ou faciliter le passage au véhicule plus petit.
- Sur une route à forte pente, le véhicule descendant s'arrête le premier, le véhicule le plus léger ou le plus maniable recule si le croisement est impossible.
- Une signalisation de croisement alterné peut être mise en place de façon temporaire par des feux ou des piquets mobiles, de façon permanente par des panneaux.
- Les dépassements se font par la gauche en laissant un intervalle latéral suffisant avec le véhicule dépassé.
- Avant de dépasser, s'assurer de la bonne visibilité vers l'avant, vérifier qu'aucun obstacle n'obligera le véhicule dépassé à se déporter sur la gauche et qu'il sera possible de reprendre sa place à droite sans gêner la circulation.
- Avertir de la manœuvre de dépassement à l'aide du clignotant gauche.
- Il est permis de dépasser un deux-roues dans un virage ou au sommet d'une côte en laissant un intervalle latéral d'au moins 1,50 m (1 m en agglomération) à condition de ne pas empiéter sur la voie de gauche.
- Le dépassement est interdit en présence d'un panneau d'interdiction, d'une ligne continue, d'une intersection non protégée et en cas de visibilité insuffisante.

Les autres usagers

Circuler en toute sécurité implique de tenir compte des autres usagers de la route et de prendre en compte leur spécificité. Les piétons peuvent être imprévisibles. Les deux-roues sont agiles et rapides. Les poids-lourds sont lents et encombrants. Il faut en tenir compte à leur approche.

⏭ Les piétons

Sans protection, les piétons sont les usagers de la route les plus vulnérables. Les conducteurs doivent faire preuve d'une attention toute particulière à la vue d'enfants ou de personnes âgées. Les plus jeunes n'ont pas conscience du danger et peuvent avoir un comportement totalement imprévisible : traverser la route sans regarder, faire subitement demi-tour au milieu de la route, etc. Les personnes âgées ont généralement une vision et une ouïe altérée et apprécient mal leur environnement. Elles peuvent également avoir un comportement imprévisible.

⏭ Les deux-roues motorisés

La cohabitation entre les voitures, les cyclomoteurs et les motos nécessite la plus grande vigilance afin d'assurer la sécurité de tous. Avec leur gabarit réduit et leurs accélérations parfois très fortes, les motos peuvent surprendre les autres usagers. Avant de doubler un autre véhicule ou de changer de file, il faut s'assurer dans ses rétroviseurs qu'un deux-roues n'arrive pas à grande vitesse.

À titre expérimental, jusqu'en 2020, la circulation des deux-roues motorisés entre les files de voitures est autorisée dans 11 départements (les 8 départements d'Île-de-France, Bouches-du-Rhône, Rhône et Gironde). Mais cette pratique est soumise à des conditions strictes : uniquement sur les autoroutes et routes à deux voies séparées par un terre-plein central ou la vitesse est au moins égale à 70 km/h et lorsque la circulation est dense. Les motards ne doivent pas circuler à plus de 50 km/h et n'ont pas le droit de se doubler entre les files.

⏭ Les poids-lourds

Inversement, les camions, autocars et autres engins agricoles peuvent surprendre par leur vitesse lente et par leur encombrement. Leur gabarit peut masquer aux conducteurs qui les suivent la signalisation, la configuration de la route (proximité d'un virage ou d'une intersection) ou la présence de véhicules venant de face.

Par vent fort, lors du dépassement d'un camion, la voiture peut être déportée sur la gauche. Il faut donc anticiper ce risque en tenant fermement le volant. Par ailleurs, les véhicules longs (jusqu'à 25 mètres) ont besoin de s'écarter sur la gauche pour tourner à droite. Il ne faut jamais tenter de les dépasser par la droite.

Les autres usagers

PIÉTONS

Il faut attendre que tous les piétons aient fini de traverser pour redémarrer. Même si le signal lumineux les autorisant à traverser est passé au rouge.

DEUX-ROUES

Les scooters et les motos de grosse cylindrée ont des accélérations plus fortes que les voitures qui peuvent surprendre les conducteurs.

POIDS-LOURDS

À cause de leur gabarit, les poids-lourds empiètent parfois sur la chaussée. Leur longueur les oblige à se déporter pour tourner dans le sens opposé.

4 Circuler avec les autres usagers

1

L'indice le plus important est :

A le marquage au sol.

B le regard du conducteur.

2

Je dois céder le passage au véhicule gris.

A OUI

B NON

3

Je serre à droite :

A avant de ralentir.

B après avoir ralenti.

4

Je dois céder le passage :

A au véhicule blanc arrivant à ma droite.

B au véhicule venant de face.

5

Je suis sur une voie d'accélération qui m'autorise à prendre de la vitesse.

A OUI

B NON

6

Je m'arrête :

A OUI

B NON

1 B / 2 A / 3 A / 4 A / 5 B / 6 A

7

Je dois céder le passage au véhicule blanc.

A OUI B NON

8

Équipé du système Start & go, mon véhicule :

– consomme moins A OUI B NON

– pollue moins C OUI D NON

9

Je dois m'arrêter pour laisser passer la poussette.

A OUI B NON

10

Je surveille particulièrement :

A la zone A B la zone B

Je place mon pied devant le frein

C OUI D NON

11

Je suis à plus de 2 secondes du véhicule qui me précède.

A OUI B NON

12

Avant de m'engager sur le pont, je dois céder le passage aux véhicules arrivant en face.

A OUI B NON

7 B / 8 A et C / 9 B / 10 BC / 11 B / 12 A

4 Circuler avec les autres usagers

13

Ce passant crée une zone d'incertitude :

A OUI — B NON

Je place mon pied au-dessus de la pédale de frein

C OUI — D NON

14

Le non-usage des clignotants sur un rond-point est une source d'accident :

A OUI — B NON

15

Le stationnement est :

- A réglementé.
- B payant.
- C interdit.

16

Le triangle indique que je dois céder le passage au tramway même si le feu est vert.

A OUI — B NON

17

Pour tourner à gauche à l'intersection, je peux déjà me mettre sur la voie de gauche.

A OUI — B NON

18

Le panneau m'indique que :

- A le stationnement est interdit.
- B l'arrêt est toléré.
- C arrêt et stationnement sont interdits.

13 A et C / 14 A / 15 C / 16 B / 17 A / 18 C

Tests

19

L'arrêt et le stationnement sont interdits :

A à 30 m.

B sur 30 m.

20

Je tourne à droite à l'intersection :

A je dépasse le cycliste.

B je lui fais signe de passer.

21

Je laisse traverser ce piéton.

A OUI **B** NON

22

Le chauffeur du poids-lourd me voit.

A OUI **B** NON

23

À l'abord du rond-point, je dois obligatoirement marquer l'arrêt.

A OUI **B** NON

24

Je suis à bonne distance du véhicule qui me précède.

A OUI **B** NON

19 B / 20 B / 21 A / 22 B / 23 B / 24 B

25

Le véhicule débouchant sur ma droite est prioritaire.

A OUI

B NON

26

Le feu étant jaune, je peux passer.

A OUI

B NON

27

Je bénéficie d'une priorité de passage :

A uniquement à la prochaine intersection.

B à toutes les intersections rencontrées.

28

Je dois laisser le passage aux véhicules venant de ma droite.

A OUI

B NON

29

Le stationnement est interdit des 2 côtés de la chaussée.

A OUI

B NON

30

Le long de la bande jaune, je peux :

A m'arrêter.

B stationner.

C ni m'arrêter ni stationner.

25 B / 26 B / 27 A / 28 A / 29 A / 30 C

31

Je suis bien placé pour stationner.

A OUI B NON

32

Au rond-point, je cède uniquement le passage aux véhicules venant de gauche.

A OUI B NON

33

Le marquage au sol de la file de gauche interdit au véhicule de virer à gauche.

A OUI B NON

34

Le bus est prioritaire lorsqu'il quitte son arrêt.

A OUI B NON

35

Le véhicule rouge doit s'arrêter pour me laisser passer.

A OUI B NON

36

L'écart latéral de sécurité à respecter en cas de dépassement d'un cycliste est de :

A 0,50 m (en agglomération) B 1 m.

C 1,50 m (hors agglomération) D 2 m.

31 A / 32 A / 33 B / 34 A / 35 B / 36 BC

4 Circuler avec les autres usagers

37

Tous les usagers peuvent stationner sur cet emplacement :

– si les autres places sont occupées. **A** OUI **B** NON

– moins de 5 minutes. **C** OUI **D** NON

38

Le tramway circule : je peux tourner à gauche.

A OUI **B** NON

39

Je peux m'engager.

A OUI **B** NON

40

Je dois ralentir.

A OUI **B** NON

41

Dans cette situation, je dépasse la cycliste :

– par la droite. **A** OUI **B** NON

– par la gauche. **C** OUI **D** NON

42

Le danger le plus important est :

derrière **A** en face **B**

à gauche **C** à droite **D**

37 BD / 38 B / 39 B / 40 A / 41 BC / 42 B

43

Lors de l'arrêt du tramway, les piétons peuvent surgir :

– de la gauche. **A** OUI **B** NON

– de la droite. **C** OUI **D** NON

44

Commettre un délit de fuite, c'est quitter le lieu d'un accident :

– lorsque l'on est témoin. **A** OUI **B** NON

– lorsque l'on est impliqué. **C** OUI **D** NON

45

Ce panneau indique le rétrécissement de la chaussée.

A OUI **B** NON

Je ralentis. **C** OUI **D** NON

46

Dépasser ce bus présente un risque.

A OUI **B** NON

47

Le marquage au sol m'autorise à dépasser.

A OUI **B** NON

Je peux effectuer la manœuvre.

C OUI **D** NON

48

Ce panneau indique :

A une aire piétonne.

B une zone de rencontre.

43 AD / 44 B et C / 45 AC / 46 A / 47 AD / 48 B

L'état

Le véhicule
Les équipements
L'éclairage
Les pneumatiques
La crevaison
Les freins
Les équipements de sécurité

Le fonctionnement

Les contrôles
Le chargement
Remorques et caravanes
La conduite avec une remorque
Bruit et pollution

TESTS

5

Le véhicule et la sécurité de la conduite

Le véhicule

Pour circuler en sécurité, il faut connaître le fonctionnement de son véhicule et l'entretenir régulièrement pour s'assurer de son bon fonctionnement.

Tableau de bord

Le conducteur a sous les yeux toutes les informations nécessaires pour circuler (compteur de vitesse, compte-tours, jauge à essence, ventilation du pare-brise, essuie-glace, etc.) et il doit non seulement connaître toutes les commandes mais surtout savoir les utiliser sans quitter la route des yeux.
Selon les modèles de voiture, la configuration du tableau de bord varie mais les fonctions essentielles sont communes à tous. Avant de prendre la route, il faut en comprendre le maniement.

Les organes essentiels

Pour l'immense majorité des voitures modernes, le moteur est situé à l'avant avec une ouverture du capot à l'intérieur de l'habitacle, grâce à une poignée située à la gauche du conducteur.
La bonne compréhension de la raison d'être des différents organes est essentielle :
– la boîte de vitesse, automatique ou mécanique, permet de contrôler le régime moteur ;
– les suspensions permettent de maintenir les pneus en contact permanent avec la route et assurent la tenue de route ;
– les freins, à disque ou à tambour (de plus en plus rare), implantés sur les quatre roues, permettent d'immobiliser le véhicule et sont accompagnés par le frein à main (à câble ou électronique sur certains modèles haut de gamme), à n'utiliser que lorsque le véhicule est totalement immobilisé, qui maintient le véhicule à l'arrêt.

L'entretien

Tous les véhicules nécessitent un entretien régulier avec, notamment une révision périodique des organes essentiels :
– vidange du moteur selon les échéances prescrites par le constructeur (généralement tous les 20 000 km pour les moteurs diesel et tous les 30 000 km pour les moteurs à essence ou tous les deux ans) ;
– remplacement des plaquettes de frein ;
– réglage du jeu d'embrayage.

L'état

TABLEAU DE BORD

Il faut connaître l'ergonomie du tableau de bord pour savoir où sont les emplacements des différentes commandes sans avoir à quitter la route des yeux.

BOÎTE DE VITESSE

La boîte de vitesse se trouve soit entre les deux sièges avant soit sur le tableau de bord. Il faut comprendre son maniement avant de démarrer.

ENTRETIEN

L'entretien régulier du véhicule permet d'éviter les pannes qui, pour certaines, pourraient avoir de graves conséquences pour la sécurité des occupants.

Les équipements

Pour pouvoir circuler sur la voie publique, les véhicules doivent être équipés de plusieurs dispositifs en parfait état de marche.

Éléments non mécaniques

Le véhicule doit disposer :
– de plaques d'immatriculation à l'avant et à l'arrière, autoréfléchissantes et lisibles à une distance minimum de 20 m ;
– d'un avertisseur sonore ou Klaxon (usage interdit en agglomération sauf danger immédiat) ;
– d'un indicateur de vitesse ;
– d'un compteur kilométrique ;
– d'au moins un essuie-glace avant équipé d'un système lave-glace ;
– de rétroviseurs (intérieur et extérieurs) ;
– d'un antivol.

Plaque constructeur

Véritable carte d'identité du véhicule, elle porte le nom ou la marque du constructeur, le type, le numéro d'identification ou le numéro d'ordre dans la série du type et les caractéristiques de poids du véhicule.
Ces indications doivent être frappées à froid dans la partie droite du véhicule sur un élément essentiel et indémontable ou sur le châssis.

Attention

À chaque voyant sa couleur

Les voyants du tableau de bord sont de couleurs différentes selon l'importance de l'information donnée au conducteur.

Un voyant rouge signale un problème urgent.

Un voyant jaune rappelle l'utilisation d'un des équipements (dégivrage...).

Un voyant vert indique que l'un des types de feux est allumé.

L'état

ARRÊT IMMÉDIAT

Lorsqu'un voyant rouge s'allume durant la conduite, le conducteur doit s'arrêter le plus rapidement possible.

RÉGLAGE DES FEUX

Il faut faire régler ses feux au moins une fois par an pour changer les ampoules bientôt défaillantes et pour ne pas éblouir les autres usagers.

ESSUIE-GLACE

L'équipement d'un essuie-glace à l'arrière du véhicule reste facultatif.

L'éclairage

Le véhicule doit être équipé de plusieurs types d'éclairage, en parfait état de marche et très bien réglés, complétés, le cas échéant, par des feux facultatifs pour la sécurité.

Feux obligatoires

À l'avant, le véhicule doit être pourvu de :
– deux feux de position (veilleuses) visibles à 150 m ;
– deux feux de croisement (codes) d'une portée de 30 m minimum ;
– deux ou quatre feux de route (phares) d'une portée de 100 m minimum.

À l'arrière du véhicule doivent figurer :
– deux feux rouges, visibles à 150 m ;
– trois feux « stop » qui s'allument lorsque la pédale de frein est actionnée ;
– un ou deux feux de brouillard émettant une couleur rouge (en cas de feu unique, il doit être placé à gauche ou au centre du véhicule) ;
– deux dispositifs réfléchissants (catadioptres) de couleur rouge, visibles à 100 m lorsqu'ils sont éclairés par les feux du véhicule qui suit ;
– un dispositif d'éclairage de la plaque d'immatriculation permettant la lecture du numéro à une distance de 20 m.

À l'avant et à l'arrière :
– deux indicateurs de changement de direction de couleur orange (clignotants) qui servent également de feux de détresse en clignotant simultanément : il faut les utiliser pour alerter les autres usagers en cas d'arrêt sur le bord de la chaussée, de circulation à vitesse très réduite et en cas de fort ralentissement des véhicules qui précèdent.

Feux facultatifs

Le véhicule peut également être équipé de :
– deux feux de brouillard à l'avant, placés au moins à 25 cm du sol, qui doivent s'allumer en même temps que les feux de position ;
– d'un ou deux feux de marche arrière émettant une couleur blanche orientée vers le sol.

L'état

SYMBOLES

L'utilisation des feux est indiquée sur le tableau de bord par un symbole vert pour les feux de position et de croisement ou bleu pour les feux de route.

FEUX ROUGES

Les feux rouges à l'arrière du véhicule doivent pouvoir être vus par les autres usagers à une distance minimale de 150 m.

CLIGNOTANTS

Les clignotants doivent être en parfait état de marche et systématiquement utilisés à chaque changement de direction.

Les pneumatiques

L'adhérence du véhicule sur la route dépend directement de l'état et de l'entretien des pneus.

Structure

Il existe deux types de structure : diagonale et radiale. Par sécurité, **il est interdit de monter des pneus de marques, types et caractéristiques différents sur un même essieu**, et il est préférable que la structure soit identique sur les 4 roues.

Pression

La pression des pneus diminue peu à peu. Il faut donc vérifier qu'elle est conforme à celle que le constructeur recommande : l'information figure dans la notice du véhicule ou à l'intérieur de la portière avant gauche. **Un pneu sous-gonflé s'use plus vite et risque d'éclater.**

Sculptures

Il faut contrôler la bande de roulement et l'état des sculptures qui permettent d'évacuer, par exemple, l'eau, la neige ou la boue. Elles doivent être apparentes sur la bande de roulement, et la profondeur des rainures principales doit être au minimum de 1,6 mm.

Changement

Il est recommandé de monter **les pneus les plus neufs à l'arrière** pour un maximum de sécurité en cas de situations difficiles et imprévues, surtout sur sol mouillé.

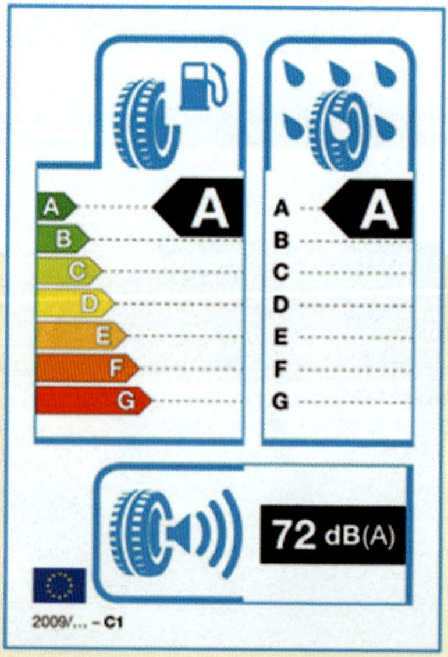

Attention

Étiquette

Sur les pneus neufs mis en vente, doit désormais figurer une étiquette énergétique indiquant 3 paramètres :
- sa résistance au roulement ;
- sa capacité de freinage ;
- son niveau sonore.

L'état

PNEUS

Il ne faut jamais installer sur un même essieu, à l'avant ou à l'arrière, des pneus de structures différentes.

GONFLAGE

Quelle que soit l'utilisation du véhicule, les pneus perdent progressivement de la pression et il faut régulièrement les regonfler.

SCULPTURES

Un pneu usé a des sculptures insuffisamment profondes pour évacuer l'eau, la neige ou la boue, ce qui rend la conduite particulièrement dangereuse.

La crevaison

Le remplacement d'une roue après crevaison ne pose aucune difficulté s'il est effectué méthodiquement et dans le respect des règles élémentaires de sécurité.

Immobilisation du véhicule

Le véhicule doit être immobilisé **en dehors de la chaussée**, sur un sol très ferme ou sur la bande d'arrêt d'urgence. Pour s'assurer de l'immobilité totale du véhicule, il convient de serrer le frein à main et de passer la première vitesse. Si le terrain est pentu, il faut caler la roue diamétralement opposée à la roue crevée.

Signalisation

Si une partie du véhicule empiète sur la chaussée, il faut allumer ses feux de détresse et **placer le triangle de présignalisation obligatoire. Mais avant même de sortir du véhicule, il faut impérativement mettre son gilet de sécurité** qui doit être accessible sans avoir à sortir de l'habitacle.

Sur autoroute, dans la mesure du possible, il faut essayer de rejoindre lentement un refuge ou une aire de repos pour pouvoir procéder au changement de roue en toute sécurité.

Attention

Remplacement de la roue

Avant de procéder au changement d'une roue, il faut placer la voiture sur un sol horizontal et bien ferme pour que la voiture ne bouge pas. Après le changement, dès que possible, il est nécessaire de vérifier la pression de la roue de secours. Si elle est d'une structure différente (roue galette), mieux vaut l'utiliser temporairement et faire réparer rapidement la roue crevée.

L'état

PRESSION

La vérification de la pression des pneus doit être faite lorsqu'ils sont froids pour ne pas vicier la mesure.

CRIC

La plupart des véhicules disposent d'un repère sous le châssis pour installer parfaitement le cric.

PRÉSIGNALISATION

L'utilisation d'un triangle de sécurité et d'un gilet de sécurité est obligatoire.

Les freins

Le frein principal agit sur les 4 roues en même temps grâce à un liquide spécial qu'il faut changer tous les 2 ans environ.

Frein principal

Toutes les voitures récentes sont équipées de freins à disque à l'avant, mais de nombreux véhicules en circulation sont équipés de freins à tambour.
– Freins à disque : les pistons des étriers serrent les plaquettes sur les disques solidaires des roues.
– Freins à tambour : le frottement des mâchoires de freins sur les tambours des roues provoque le ralentissement du véhicule.

Frein à main

Le frein à main permet de maintenir le véhicule en position d'arrêt prolongé, que le moteur tourne ou non, en bloquant les roues arrière. Il est purement mécanique, et c'est le conducteur qui l'actionne. Il a aussi une fonction de frein de secours.

Frein moteur

Le conducteur peut également freiner son véhicule, notamment dans une descente, en lâchant l'accélérateur et en rétrogradant les vitesses. **Le régime moteur ralentit aussitôt le véhicule.**

Utilisation

Pour un freinage efficace, il est recommandé de **ne pas appuyer trop fort sur la pédale** afin de ne pas bloquer les roues.
En descente, mieux vaut **freiner par intermittence** pour éviter un échauffement des surfaces en contact (plaquettes ou mâchoires) qui glissent alors l'une sur l'autre, si bien que les freins ne répondent plus.
Si le véhicule vient d'un endroit humide (lavage, forte pluie), les freins peuvent ne plus répondre. Il faut les assécher en procédant par petites pressions de la pédale.
Pour un freinage d'urgence, il faut freiner très fort sans bloquer les roues en appuyant puis en relâchant à plusieurs reprises la pédale (le système ABS permet d'appuyer à fond sur la pédale sans relever le pied).

À retenir

- Il ne faut jamais installer deux pneus de structures, de marques et de tailles différentes sur le même essieu car la tenue de route en est altérée.
- Il est recommandé de monter les pneus les plus récents à l'arrière du véhicule la maîtrise du train avant étant plus facile.

- La portée minimale des feux lorsqu'ils sont bien réglés est de 100 m pour les feux de route, de 30 m pour les feux de croisement, tandis que les feux de position et les feux rouges arrière doivent être visibles d'au moins 150 m.
- Ne pas solliciter de manière continue les freins sous peine de provoquer un échauffement qui anéantit momentanément leur efficacité, mais procéder plutôt par petites pressions successives.
- Les voyants du tableau de bord sont de 3 couleurs différentes selon l'importance de l'information :
  – rouge : ordonne de s'arrêter immédiatement ;
  – jaune : informe qu'un équipement est utilisé ;
  – vert : indique l'utilisation des feux.
- Les différents systèmes d'aide à la conduite (ABS, EPS, AFU, etc.) améliorent la sécurité mais ne suffisent pas à compenser les erreurs du conducteur.

- En cas de crevaison, avant de procéder au changement du pneu, se placer sur un sol plat et solide, à l'écart des autres véhicules en circulation.
- Tout véhicule dispose d'un frein principal (à disque ou à tambour), d'un frein de parcage (frein à main) et d'un frein moteur utile sur les routes à forte pente.
- L'installation de feux de brouillard est facultative à l'avant du véhicule, et ils doivent être installés à au moins 25 cm du sol.

Les contrôles

Avant de prendre la route, le conducteur doit régulièrement procéder à des contrôles sur son véhicule pour en assurer le bon fonctionnement et pour sa propre sécurité.

Contrôles systématiques (avant un trajet)

– **Pression des pneus** : augmenter la pression de 200 à 300 g en cas de chargement lourd ou de conduite sur autoroute.
– Bon fonctionnement des **feux de croisement et de route** si l'on s'apprête à rouler de nuit.
– Solidité de l'**arrimage du chargement** placé sur le toit ou dans une remorque.
– Tous les passagers doivent avoir bouclé leur **ceinture de sécurité**.
– Portières correctement fermées.

Contrôles périodiques

– Profondeur des sculptures des pneumatiques.
– Niveaux d'huile, du liquide de refroidissement, du liquide de frein, du lave-glace.
– État de la batterie et des balais d'essuie-glace.
– Bon fonctionnement de toutes les ampoules.

Contrôle technique

Si la voiture est neuve, un contrôle technique obligatoire doit être effectué avant la fin de la quatrième année d'immatriculation dans un centre agréé. Pour les véhicules d'occasion, cette visite doit être faite tous les deux ans.
En cas de non-conformité d'un organe de sécurité (frein, optique, etc.), une contre-visite doit être effectuée dans les deux mois.

Attention

La bonne position

Une fois ôtés sa veste ou son manteau, le conducteur s'installe au volant et ajuste sa position. Puis il se familiarise avec le tableau de bord et les commandes s'il ne s'agit pas de son propre véhicule et, après avoir mis le contact, vérifie qu'aucun voyant rouge ne reste allumé.

Le fonctionnement

CONTRÔLE

Même avant un court trajet, il faut faire le tour du véhicule pour s'assurer du bon état des feux et de leur fonctionnement.

RÉTROVISEURS

Le réglage des différents rétroviseurs est indispensable avant chaque départ, notamment lorsque plusieurs conducteurs utilisent le même véhicule.

FUITE

Même sur les véhicules récents, pour lesquels les révisions sont très espacées, il faut vérifier qu'aucun des différents liquides (frein, refroidissement, huile) ne fuit.

Le chargement

La carte grise précise le poids total autorisé pour le chargement du véhicule (PTAC) et le poids total que le véhicule est autorisé à déplacer (PTRA).

Bagages

Par sécurité, les bagages doivent être placés dans le coffre. S'il est indispensable d'en placer à l'intérieur de l'habitacle, il convient de les déposer le plus bas possible pour ne pas modifier la tenue de route. Il faut absolument éviter de placer des objets sur la plage arrière car ils nuisent à la visibilité vers l'arrière et deviennent des projectiles lors de freinages brusques.

Chargement extérieur

Lorsqu'il est nécessaire de transporter un ou plusieurs objets de grande longueur sur la galerie du véhicule, il faut veiller à ce que le chargement :

– ne dépasse pas l'avant du véhicule ;

– ne dépasse pas l'arrière du véhicule de plus de 3 m.

Si le chargement dépasse de plus d'un mètre, il est obligatoire de placer un dispositif réfléchissant homologué à son extrémité. La nuit ou en cas de mauvaise visibilité, ce dispositif doit être lumineux.

Réglage

Pour limiter les effets de l'alourdissement du véhicule, il faut **augmenter la pression des pneus de 200 à 300 g** selon le poids, adapter sa conduite en roulant moins vite, notamment dans les virages, et en freinant plus tôt.

Attention

Galerie de toit

Tout bagage placé sur une galerie de toit doit être parfaitement arrimé, ni trop grand ni trop lourd, pour ne pas allonger la distance de freinage. La hauteur n'est pas limitée mais elle ne doit pas être excessive sous peine de déstabiliser le véhicule.

Le fonctionnement

HAUTEUR

Le code de la route ne fixe aucune limite pour la hauteur d'un chargement mais des dimensions excessives empêchent de circuler à certains endroits.

GALERIE

Le chargement installé sur la galerie de toit doit être placé bien au centre du véhicule de manière à ne pas détériorer la tenue de route.

PLAGE ARRIÈRE

Il est fortement déconseillé d'encombrer la plage arrière du véhicule avec divers objets qui obstruent la visibilité et peuvent se transformer en projectiles en cas de fort freinage brutal.

Remorques et caravanes

Selon le poids de la remorque ou de la caravane, le conducteur peut être contraint de passer un permis spécial pour pouvoir tracter l'ensemble.

Permis B

Le permis B est suffisant si :
– le poids total autorisé en charge (PTAC) de la remorque ne dépasse pas 750 kg ;
– le PTAC de la remorque est supérieur à 750 kg lorsque le PTAC total (voiture + remorque) n'excède pas 3,5 t.

Permis B + formation B96

Si le total des PTAC (voiture + remorque) est supérieur à 3,5 t sans dépasser 4,250 t, le permis B est suffisant mais il faut suivre une formation obligatoire de 7 heures. Cette formation, appelée B96, ne donne pas lieu à un examen final.

Permis BE

Si le PTAC de la remorque est supérieur à 750 kg et si le total des PTAC (voiture + remorque) excède 4,250 t, sans dépasser 7 t, le permis BE est nécessaire. Il faut alors passer un examen théorique (sauf code obtenu depuis moins de 5 ans), un examen pratique et une visite médicale tous les 5 ans (tous les 2 ans à partir de 60 ans puis chaque année à partir de 76 ans) chez un médecin agréé par la préfecture.

Carte grise

Jusqu'à 500 kg, aucun document particulier n'est exigé, et la remorque a le même numéro d'immatriculation que le véhicule tracteur. **Au-delà**, la remorque doit avoir **sa propre carte grise** et donc son propre numéro d'immatriculation ainsi qu'une attestation d'assurance.

Freins

Jusqu'à 750 kg, ils ne sont pas obligatoires si le PTAC de la remorque ne dépasse pas la moitié du poids à vide du véhicule qui tracte. **Au-delà de 750 kg, frein à main et frein de route sont obligatoires** pour assurer le freinage simultané avec le véhicule et l'arrêt en cas de rupture de l'attelage.

Éclairage

Les feux « stop » et les clignotants sont facultatifs si le PTAC n'excède pas 500 kg et si les feux du véhicule tracteur sont visibles. Au-delà de 500 kg, le triangle de présignalisation est obligatoire.

Rétroviseurs

Un rétroviseur extérieur est obligatoire à droite si la remorque masque la visibilité dans le rétroviseur intérieur et est plus large que le véhicule tracteur.

Le fonctionnement

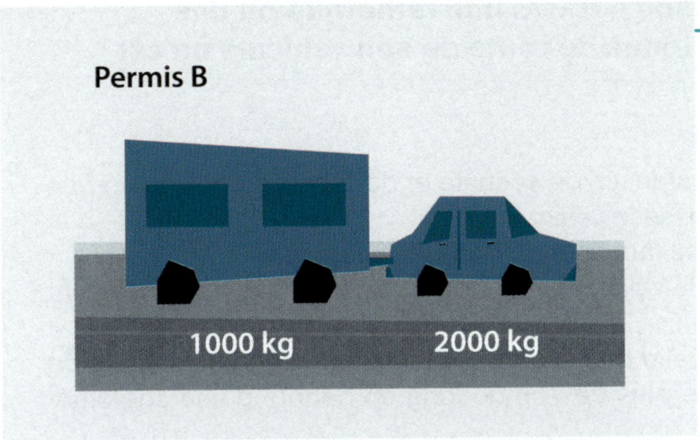

PERMIS B

Le total des PTAC ne dépasse pas 3,5 t : le permis B suffit.

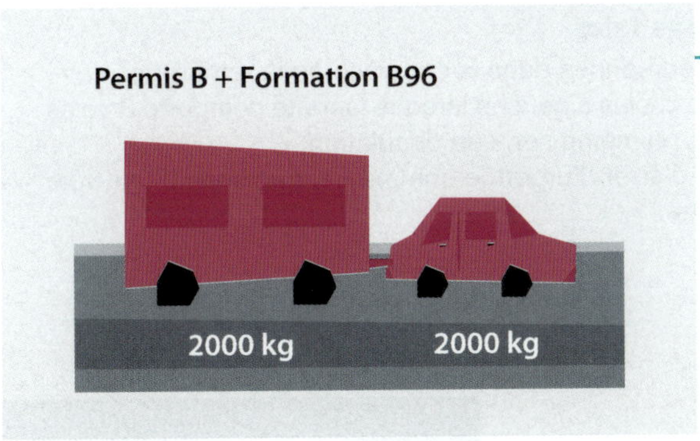

PERMIS B + FORMATION B96

Le total des PTAC dépasse 3,5 t sans être supérieur à 4,250 t : la formation spécifique B96 est nécessaire en complément du permis B.

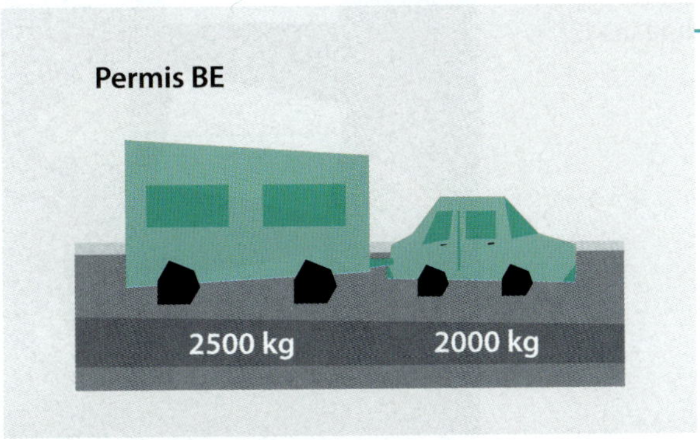

PERMIS BE

Le total des PTAC dépasse 4,250 t : le permis BE est indispensable.

La conduite avec une remorque

Le conducteur doit modifier sa conduite et faire preuve de prudence lorsqu'il tracte une remorque ou une caravane car la tenue de route de son véhicule en est altérée.

⏭ Ce qu'il faut faire

– Augmenter les distances de sécurité et de freinage car la remorque ou la caravane pousse le véhicule.
– Réduire sa vitesse, notamment dans les virages.
– Tenir fermement le volant en cas de vent latéral ou de dépassement de poids lourds.
– Laisser un intervalle de 50 m minimum si l'on suit un véhicule de plus de 3,5 t ou de plus de 7 m de long en dehors d'une agglomération.
– Ralentir, s'arrêter ou se garer pour laisser le passage aux véhicules plus petits en cas de croisement difficile.

⏭ Ce qu'il ne faut pas faire

– Transporter des personnes dans la caravane ou la remorque.
– Emprunter la voie la plus à gauche lorsque la route comporte 3 voies ou plus affectées à un même sens de circulation.
– Utiliser la bande d'arrêt d'urgence comme s'il s'agissait d'une voie pour véhicules lents.

Attention

Manœuvre délicate

Pour faire une marche arrière avec une caravane ou une remorque, il faut tourner le volant dans le sens opposé à la direction que l'on souhaite lui donner.

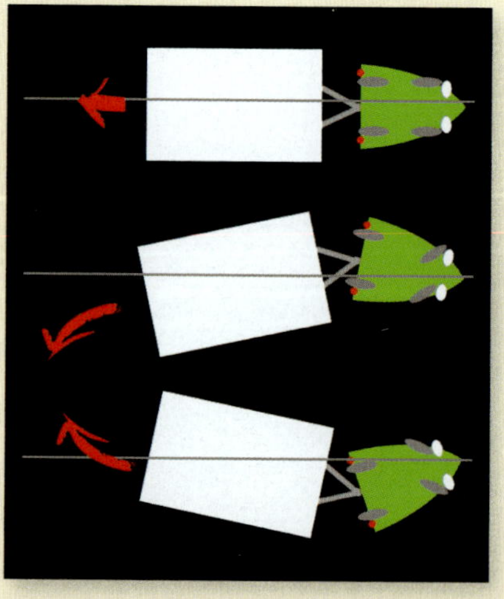

Le fonctionnement

STATIONNEMENT

Le stationnement d'une remorque ou d'un ensemble de véhicules hors agglomération est interdit sur la chaussée.

CIRCULATION

Ne pas respecter une interdiction de circuler avec une remorque ou une caravane équivaut à rouler en sens interdit.

CONDUITE

Le poids de la remorque alourdit le véhicule tracteur et implique d'allonger sensiblement les distances de sécurité.

Bruit et pollution

Une conduite souple au volant d'un véhicule dont le moteur est bien réglé permet de limiter les rejets de gaz dans l'atmosphère.

⏭ Comportement

Une conduite nerveuse peut entraîner une surconsommation de près de 40 %. Il est également préférable d'éteindre son moteur à chaque stationnement de longue durée et de ne pas laisser, par exemple, inutilement une galerie sur le toit.

⏭ Entretien

Il faut régulièrement faire changer les bougies (tous les 15 000 km), vérifier le pot d'échappement et décrasser le filtre à air. Il est interdit d'essayer de supprimer ou de réduire l'efficacité du dispositif d'échappement silencieux. Il ne faut pas utiliser le moteur à des régimes excessifs ni jeter l'huile de vidange, les bougies, les filtres sur la chaussée ou dans la nature.

⏭ Réglementation

Les véhicules ne doivent pas produire de fumées ou de gaz toxiques, malodorants ou corrosifs. La teneur en monoxyde de carbone (CO2) d'un moteur à essence au ralenti ne doit pas être supérieure à 3,5 % (0,5 % pour les véhicules équipés de pots catalytiques).

Attention

Étiquette écologique

Les véhicules neufs mis en vente doivent être munis d'une étiquette mentionnant leur taux d'émission de CO_2.

Classe	Couleur	Emissions CO_2 (g/km)	Emissions CO_2 et consommation
A	vert foncé	≤ 100	très faibles
B	vert moyen	101 - 120	faibles
C	vert pâle	121 - 140	assez faibles
D	jaune	141 - 160	moyennes
E	jaune-orangé	161 - 200	assez élevées
F	orange	201 - 250	élevées
G	rouge	> 250	très élevées

Consommation de carburant et émission de CO_2

Information en application de la directive 1999/94/CE.

Marque : **VOITURE**
Modèle : **Xxx**
Version : **5P 1.4 HDi**
Énergie : **Diesel**

Consommation de carburant

Mesures effectuées selon la directive 80/1268/CEE modifiée 1999/100/CE.

Consommation mixte :

4,2 l/100 km

Consommation urbaine : 5,3 l/100 km
Consommation extra-urbaine : 3,6 l/100 km

CO_2

Le CO_2 (dioxyde de carbone) est le principal gaz à effet de serre responsable du changement climatique.

Mesures effectuées selon la directive 80/1268/CEE modifiée 1999/100/CE.

110 g/km

Émissions de CO_2 faibles

- inférieures ou égales à 100 g/km **A**
- de 101 à 120 g/km **B**
- de 121 à 140 g/km **C**
- de 141 à 160 g/km **D**
- de 161 à 200 g/km **E**
- de 201 à 250 g/km **F**
- supérieures à 250 g/km **G**

Émissions de CO_2 élevées

B

La consommation de carburant et les émissions de CO_2 d'un véhicule sont fonction non seulement de son rendement énergétique, mais également du comportement au volant et d'autres facteurs non techniques.

Les informations sur les consommations de carburant et les émissions de CO_2 de tous les modèles de voitures particulières neuves, contenues dans le guide de l'ADEME, peuvent être obtenues gratuitement dans tous les points de vente, auprès de l'ADEME et consultées sur le site internet : **www.ademe.fr**

Le fonctionnement

Les réflexes à avoir

1 Vérifications

Avant de prendre le volant, le conducteur doit non seulement faire le tour de son véhicule pour détecter les anomalies mais aussi s'assurer qu'il a bien en sa possession tous les papiers nécessaires pour circuler : permis de conduire, attestation d'assurance du véhicule et de la remorque ou de la caravane.

2 Vitesse adaptée

Il faut réduire fortement sa vitesse lorsque l'on tracte une remorque ou une caravane de moins de 750 kg, car seule la voiture assure le freinage de l'ensemble.

3 Manœuvre

Il est recommandé de s'entraîner à manœuvrer avec son ensemble de véhicules (voiture + remorque ou caravane) avant de partir pour (re)découvrir les sensations de conduite procurées.

4 Distance de sécurité

Il faut toujours laisser une distance minimale de 50 m avec le véhicule qui précède lorsque l'on conduit un ensemble de véhicules dont la longueur totale dépasse 7 m.

5 Contrôle technique

La voiture doit passer un contrôle technique avant la fin de la quatrième année lorsqu'elle est neuve, puis tous les 2 ans.

Les pièges à éviter

1 Transport

Il est interdit de transporter des personnes dans une remorque ou une caravane.

2 Chargement excessif

Un chargement excessif sur le toit du véhicule nuit à la tenue de route, augmente la consommation d'essence et risque de tomber s'il est mal arrimé.

3 Plage arrière

Il faut absolument éviter de placer des objets sur la plage arrière de la voiture car ils gênent la vision et, en cas de freinage brutal, risquent de se transformer en projectiles dangereux.

4 Dimensions

La hauteur maximale d'un véhicule n'est pas limitée, mais des dimensions excessives détériorent la tenue de route, notamment en cas de fort vent latéral ou lors du dépassement d'un poids lourd.

À retenir

- Contrôler régulièrement l'état général du véhicule (pneus, éclairage, essuie-glaces, etc.) et tous les niveaux (huile, frein, refroidissement).
- Placer les bagages dans le coffre ou le plus bas possible dans l'habitacle en évitant la plage arrière.

- Augmenter de 200 à 300 g la pression des pneus avant de circuler avec un chargement lourd.
- Un chargement placé sur le toit du véhicule ne doit pas dépasser l'avant et ne doit pas déborder de plus de 3 m à l'arrière ; il est obligatoire d'y installer un dispositif réfléchissant dès qu'il dépasse de plus d'un mètre.
- Le contrôle technique doit être effectué avant la fin de la quatrième année d'immatriculation lorsque le véhicule est neuf, puis tous les 2 ans ; il est obligatoire de procéder aux réparations demandées dans les 2 mois qui suivent.
- Laisser un intervalle de sécurité d'au moins 50 m lorsque l'on suit un véhicule ou un ensemble de véhicules de plus de 3,5 t ou d'une longueur supérieure à 7 m.

- Le permis BE est nécessaire pour tracter une remorque ou une caravane dont le poids dépasse 750 kg lorsque le PTAC de l'ensemble excède 4,250 t.
- En cas de croisement difficile, le conducteur d'un ensemble de véhicules doit laisser le passage aux véhicules plus petits.
- Pour effectuer une marche arrière avec un ensemble de véhicules, braquer les roues dans le sens opposé à la direction que l'on souhaite donner à la remorque ou à la caravane.

5 Le véhicule et la sécurité de la conduite

1

Cette commande du tableau de bord permet :

A de régler la hauteur des feux

B de régler la portée des feux

C d'allumer les feux anti-brouillard

2

Le radar de recul permet de ne pas utiliser le rétroviseur.

A OUI **B** NON

3

Par sécurité, il faut changer les essuie-glaces :

A tous les mois **B** tous les ans

C à chaque contrôle technique

4

Avec une boîte automatique, j'appuie sur le frein pour retirer la position P (Park) :

A OUI **B** NON

5

La principale cause d'éclatement d'un pneu est :

A le sur-gonflage **B** le sous-gonflage

C l'usure

6

Pour établir un itinéraire, je programme mon GPS avant de démarrer :

A OUI **B** NON

1A / 2B / 3B / 4A / 5B / 6A

7

Le fait de disposer d'un système de freinage ABS me permet de freiner plus tard.

A OUI

B NON

8

C'est ici que je peux ajouter du liquide lave-glace :

A OUI

B NON

9

Le sous-gonflage d'un pneumatique risque d'entrainer :

A une usure irrégulière

B un éclatement

C un bruit de roulement anormal

D une contravention

10

En cas de freinage brutal, les objets posés sur la plage arrière sont :

A bloqués par les appuie-têtes

B sans danger pour les passagers

C de possibles projectiles dangereux

11

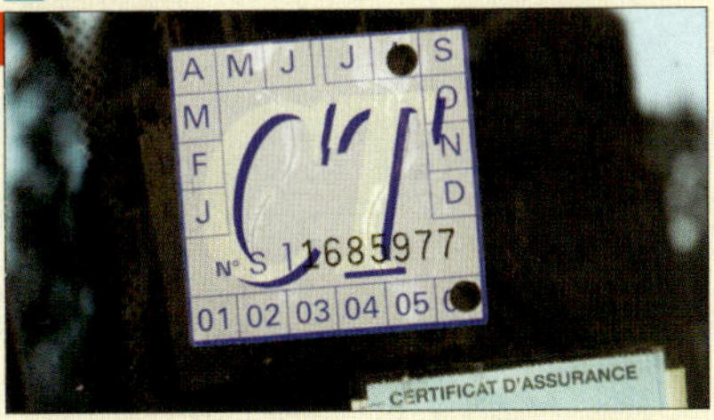

Le premier passage au contrôle technique du véhicule doit être effectué après quatre ans

A puis tous les 2 ans.

B puis tous les 4 ans.

12

Dans un coffre de toit, je place en priorité les objets les plus lourds.

A OUI

B NON

7 B / 8 B / 9 A, B et C / 10 C / 11 A / 12 B

Entrer et quitter le véhicule en sécurité

Vérifications avant le départ

Sortir du véhicule

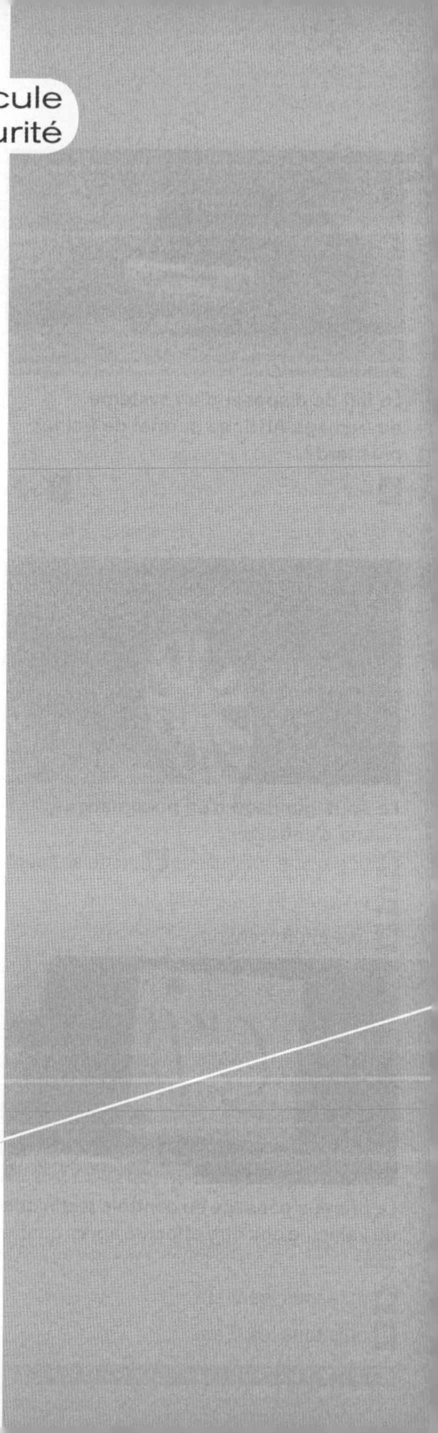

6

Entrer et quitter le véhicule en sécurité

Vérifications avant le départ

Même lorsque l'on connaît parfaitement son véhicule, il faut vérifier quelques points avant de démarrer pour s'assurer que tout est en ordre de marche.

Tour d'inspection extérieure

Un examen visuel du véhicule est impératif avant d'entrer dans l'habitacle afin de vérifier plusieurs points :
 les quatre pneus sont gonflés et ne présentent pas de déformations ;
- aucune flaque d'huile n'apparaît sous le moteur ;
- les optiques, à l'avant et à l'arrière, ne sont pas cassés ;
- le bouchon de réservoir n'a pas été détérioré ;
- toutes les vitres sont bien dégagées (pas de neige, de boue, de prospectus).

Dans l'habitacle

La position de conduite adaptée à sa propre morphologie peut avoir été déréglée ou modifiée par un autre utilisateur du véhicule. Il faut donc vérifier que le siège est bien positionné ainsi que les trois rétroviseurs.
En cas d'utilisation d'un GPS, il faut entrer les coordonnées désirées avant de démarrer si l'on est seul à l'avant du véhicule.
S'il s'agit d'un véhicule appartenant à autrui (véhicule de location, de prêt, etc.), il faut également vérifier la présence des accessoires de sécurité (gilet rétro-réfléchissant, triangle de sécurité).

Au démarrage

Dès que la clé de contact est actionnée, tous les voyants du tableau de bord s'allument pour permettre au conducteur de s'assurer que tous fonctionnent. Le conducteur doit vérifier qu'ils s'éteignent rapidement, démontrant ainsi que tout est en ordre.
L'examen des voyants de niveau d'huile et de carburant est indispensable avant de partir.

Passagers et chargement

Tous les occupants du véhicule doivent occuper une place prévue par le constructeur (2, 3 ou 5 à l'arrière selon les modèles) et, impérativement, avoir bouclé leur ceinture de sécurité.
Les bagages sont placés dans le coffre ou, en cas de manque de place, aux pieds des passagers. Le conducteur ne doit pas être gêné par un bagage qui entraverait ses mouvements ou qui altérerait sa vision de la route.

7

L'accident corporel

Sécuriser les lieux

Un conducteur qui arrive sur les lieux d'un accident doit s'arrêter pour sécuriser l'endroit, alerter les secours et porter assistance aux blessés, sauf si les secours sont déjà sur les lieux ou s'il y a déjà des personnes venues porter secours.

⏭ Avertir les autres usagers

Témoin d'un accident grave qui vient de se produire, il faut ralentir, allumer ses feux de détresse pour informer les véhicules qui suivent d'un danger à proximité et s'immobiliser à proximité en prenant soin de ne pas être soi-même un risque de collision et de ne pas gêner le passage pour l'arrivée des secours.
Avant de sortir de son véhicule, il faut impérativement enfiler son gilet rétro-réfléchissant. Ensuite, il faut aller placer un triangle de sécurité de chaque côté du sinistre, à une distance approximative de 30 mètres.

⏭ Sécuriser les lieux

Toutes les personnes présentes sur les lieux qui ne participent pas activement aux premiers secours doivent sortir des véhicules et aller se réfugier en haut des accotements ou, sur autoroute, derrière les glissières de sécurité.
Pour limiter les risques d'incendie, il faut, si possible, couper le contact des véhicules accidentés ou débrancher la batterie. S'il y a un début d'incendie et si l'on possède un extincteur (non obligatoire en France), il faut diriger le jet vers la base des flammes ou étouffer le feu avec une couverture, du sable ou de la terre. Ne jamais utiliser d'eau.

⏭ Alerter

Une fois les lieux protégés, le conducteur doit alerter ou faire alerter les secours : le 18 (pompiers) ou le 112 avec un mobile (numéro d'appel européen), le 17 (police ou gendarmerie) ou le 15 (SAMU, SMUR). Il faut leur donner des renseignements précis et complets : lieu de l'accident, nature du sinistre (choc contre un arbre, un véhicule, etc.), nombre de véhicules impliqués, nombre de victimes et leur état (saignements, personnes incarcérées, etc.). Des renseignements précis permettent aux services de secours d'adapter leur dispositif d'intervention.
Les véhicules les plus récents peuvent être équipés du dispositif d'appel d'urgence *e-call* qui déclenche automatiquement un appel en cas de collision déclenchant les airbags. Le véhicule est alors géolocalisé par les secours.

Sécuriser les lieux

TRIANGLE

En plaçant un triangle de sécurité en amont de l'accident, les témoins sécurisent les lieux pour alerter les autres usagers d'un danger.

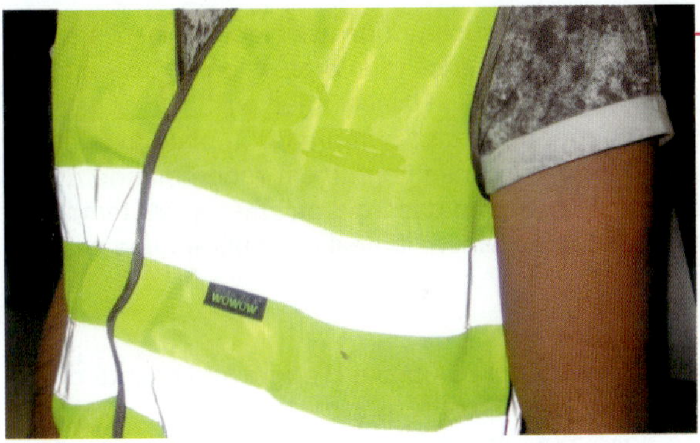

GILET

Avant de sortir de son propre véhicule pour porter les premiers secours, il faut enfiler le gilet de sécurité qui doit figurer dans l'habitacle.

SECOURS

Les services de secours interviennent en quelques dizaines de minutes. Dès leur arrivée, il faut s'écarter pour les laisser intervenir.

Porter secours

Après avoir sécurisé les abords de l'accident et alerté les services de secours, les personnes présentes sur les lieux doivent s'occuper des blessés en évitant tout geste inconsidéré qui pourrait aggraver leur état de santé.

⏭ Évaluation des blessures

Même sans connaissances médicales particulières, il faut faire le tour des blessés pour tenter d'apprécier leur état : respiration, perte de connaissance, tremblements, fractures apparentes, saignements, etc.
Il faut vérifier que les voies respiratoires ne soient pas obstruées en basculant la tête du blessé en arrière. Lui poser des questions simples (son prénom, son nom, son adresse, etc.) permet de s'assurer qu'il est conscient.
D'une manière générale, il faut essayer de tranquilliser les blessés en leur parlant et en évitant de leur décrire la gravité de leur état.

⏭ Premiers gestes

Dans l'attente des secours, le conducteur doit assister les blessés en évitant d'aggraver leur état. En présence d'un professionnel de santé (médecin, infirmière, etc.), mieux vaut le laisser intervenir.
Si une victime saigne beaucoup, il faut comprimer la plaie avec le poing, une serviette ou un gros pansement. Il est recommandé de couvrir le blessé pour qu'il ne prenne pas froid car, même par temps chaud, son corps se refroidit rapidement. L'idéal est d'utiliser une couverture de survie.

⏭ Gestes interdits

Plusieurs gestes sont à proscrire sous peine d'aggraver la santé du blessé :
– ne jamais donner à boire à un blessé ;
– ne pas retirer le casque d'un motocycliste, même s'il est apparemment sans dommages ;
– ne pas transporter ou sortir un blessé de son véhicule sauf en cas de risque grave et imminent (risque d'explosion, départ de feu, etc.).
S'il est absolument indispensable de déplacer un accidenté, il faut l'allonger sur le côté avec le genou fléchi en position latérale de sécurité (PLS).

Porter secours

BLESSURES

Avant l'arrivée des secours, les premiers arrivants sur le lieu d'un accident doivent faire le tour des blessés pour estimer leur état de santé.

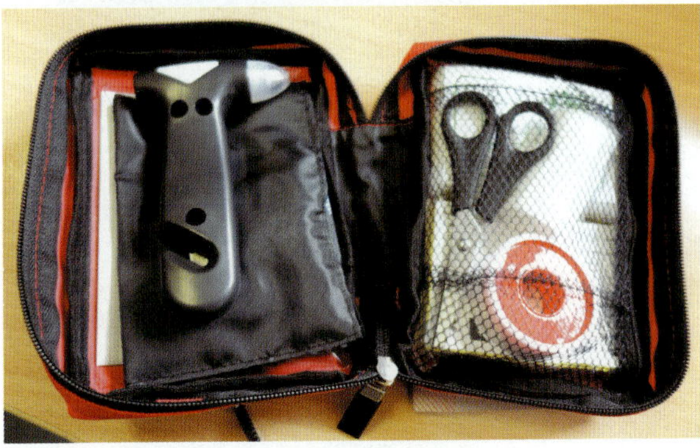

TROUSSE

La détention, facultative en France, d'une trousse de secours peut être utile pour faire les premiers gestes en attendant l'arrivée des secours.

MOTARD

Il ne faut jamais retirer le casque d'un motard victime d'un accident. Ce sont les services de secours qui décideront de l'attitude à tenir.

Respect de l'environnement

L'éco-conduite

L'éco-mobilité

TESTS

7

Le premier acte sur les lieux d'un accident est :

A d'alerter les secours

B de protéger les lieux

C de secourir les blessés

8

Pour ouvrir sa portière en toute sécurité, cette conductrice utilise la bonne main.

A OUI B NON

9

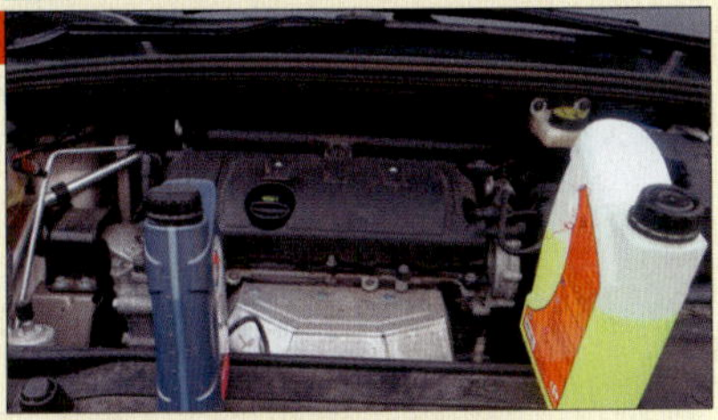

L'entretien régulier d'un véhicule réduit :

A sa durée de vie.

B sa consommation.

C la pollution.

10

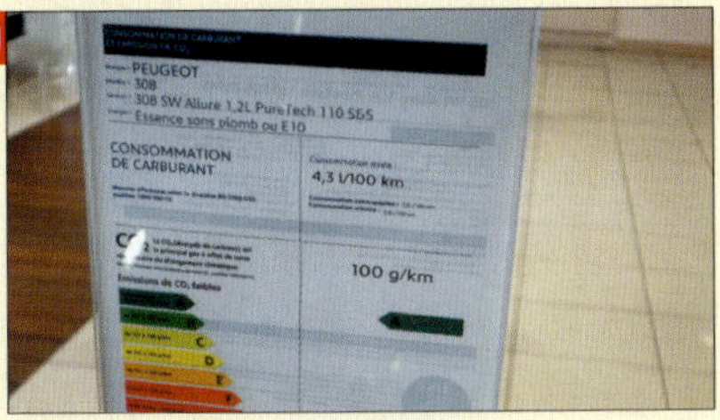

L'étiquette énergie informe :

– du taux de rejet de CO² A OUI B NON

– de la consommation de carburant C OUI D NON

11

Lors d'un démarrage à froid, la solution la moins polluante est de :

A faire chauffer le moteur à l'arrêt.

B rouler en douceur pendant quelques kilomètres.

12

Circuler avec une voiture électrique :

– réduit la pollution A OUI B NON

– réduit le bruit C OUI D NON

7 B / 8 B / 9 B et C / 10 A et C / 11 B / 12 A et C

Théorie et pratique

Le permis de conduire

9

Conduite pratique

L'épreuve théorique générale

Cette épreuve permet de contrôler l'acquisition des connaissances théoriques liées à la conduite d'un véhicule.

Programme

Depuis avril 2016, une nouvelle banque de questions est mise en place pour l'épreuve théorique du permis. Désormais, il y a 1 000 questions (au lieu de 700 auparavant) réparties en 9 thèmes :
- les dispositions légales ;
- le conducteur ;
- la route ;
- les autres usagers ;
- la règlementation ;
- les précautions à prendre en quittant le véhicule ;
- les éléments mécaniques ;
- les éléments de sécurité ;
- le respect de l'environnement.

Lors de l'épreuve, certaines questions sont accompagnées d'une séquence vidéo à la place de la diapositive.
La réussite à l'épreuve implique toujours de répondre correctement à 35 questions sur 40 qui nécessitent non seulement de connaître les règles du code de la route mais aussi d'en comprendre la raison d'être. Autrement dit, le candidat doit être capable d'analyser l'environnement qui l'entoure et d'adapter sa conduite aux circonstances.

Conduite et comportement

L'épreuve théorique porte non seulement sur la bonne connaissance, par le candidat, des panneaux et de la règlementation routière en général mais aussi sur sa compréhension du comportement qu'un conducteur doit adopter. L'environnement fait également partie des thèmes abordés. **L'objectif est d'évaluer tout autant le « savoir-être » du candidat, au milieu des autres usagers de la route que son « savoir-faire » au volant.**

Délais raccourcis

De nouvelles dispositions permettent aux candidats de passer les épreuves plus rapidement : l'auto-école peut désormais présenter ses candidats dans un centre d'examen situé dans un département limitrophe de celui de son agrément professionnel.
Le délai d'attente d'un mois pour se présenter à l'épreuve théorique après l'enregistrement du dossier de demande à la préfecture est supprimé.

Changement de filière

L'épreuve théorique générale dispose d'un stock de près de 1 000 questions, réparties en 9 thèmes :

Test blanc du Code de la route

Test blanc

1

Après ce panneau :

– l'arrêt est toléré **A** OUI **B** NON

– le stationnement est toléré **C** OUI **D** NON

2

J'attends le feu vert pour tourner à droite.

A OUI **B** NON

3

La voie de droite est :

A une voie sans issue.

B une voie de détresse.

4

L'avertisseur de changement de file :

A avertit d'une sortie de voie involontaire

B signale un usager dans l'angle mort

C allume automatiquement les clignotants

5

La route est :

A à sens unique.

B réservée aux taxis.

1 BD / 2 B / 3 B / 4 A / 5 A

6

Il n'y a aucun véhicule à proximité, je peux passer sans m'arrêter.

A OUI B NON

7

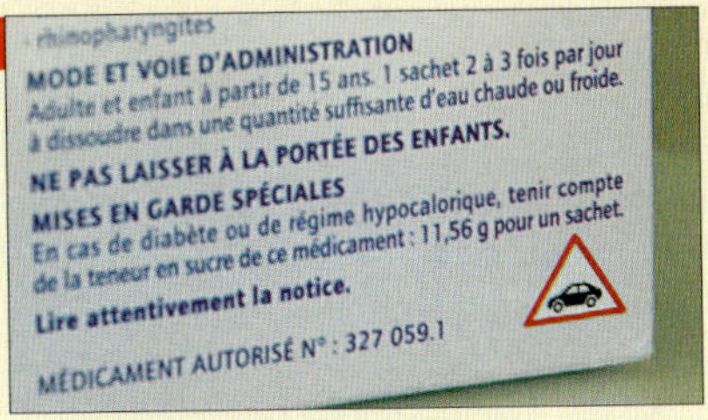

Le pictogramme signifie que :

A la conduite est interdite.

B le médicament peut altérer les capacités du conducteur.

8

Une bonne position au volant permet :

– d'agir avec rapidité et précision

A OUI B NON

– de retarder l'apparition de la fatigue

C OUI D NON

9

Le seuil légal d'alcool dans le sang pour un jeune conducteur est de :

A 0,20 g/l. B 0,50 g/l. C 0,80 g/l.

10

Pour contacter, par téléphone, un proche tout en conduisant :

– je téléphone rapidement. A OUI B NON

– j'envoie un SMS. C OUI D NON

6 B / 7 B / 8 AC / 9A / 10 BD

11

Conduire et fumer du cannabis :

- augmente le temps de réaction.

A OUI B NON

- fausse l'estimation des distances.

C OUI D NON

12

Il commence à très légèrement pleuvoir :

A je maintiens ma vitesse.

B je réduis ma vitesse.

13

Ce dispositif est autorisé en conduisant :

A OUI B NON

14

Dans cette rue, je roule en feux :

A de position

B de croisement

C de route

15

Dans un virage, la force centrifuge déporte le véhicule :

vers l'intérieur A OUI B NON

vers l'extérieur C OUI D NON

11 AC / 12 B / 13 B / 14 B / 15 BC

16

Après ce panneau, je pourrai circuler à :

A 80 km/h

B 110 km/h

C 130 km/h

17

Le marquage au sol m'aide à évaluer l'espace de sécurité :

A OUI **B** NON

Je suis à plus de 2 secondes du véhicule devant moi :

C OUI **D** NON

18

À la hauteur du panneau, la vitesse est :

A limitée à 50 km/h.

B limitée à 90 km/h.

C limitée à 110 km/h.

19

Lors de croisement la nuit, je m'oblige à regarder vers :

A la zone A

B la zone B

20

Je peux dépasser par la droite un véhicule lent qui circule sur la voie centrale.

A OUI **B** NON

16 A / 17 AC / 18 A / 19 B / 20 B

21

Je suis bien placé pour aller à Rouen.

A OUI

B NON

22

L'indice le plus important est :

A le marquage au sol.

B le regard du conducteur.

23

Je serre à droite :

A avant de ralentir.

B après avoir ralenti.

24

Je dois céder le passage au véhicule blanc.

A OUI

B NON

25

Je dois m'arrêter pour laisser passer la poussette.

A OUI

B NON

21 B / 22 B / 23 A / 24 B / 25 B

26

Le stationnement est :

A réglementé.

B payant.

C interdit.

27

Le panneau m'indique que :

A le stationnement est interdit.

B l'arrêt est toléré.

C arrêt et stationnement sont interdits.

28

Je tourne à droite à l'intersection :

A je dépasse le cycliste.

B je lui fais signe de passer.

29

Le chauffeur du poids-lourd me voit.

A OUI

B NON

30

Cette commande du tableau de bord permet :

A de régler la hauteur des feux

B de régler la portée des feux

C d'allumer les feux anti-brouillard

26 C / 27 C / 28 B / 29 B / 30 A

31

Avec une boîte automatique, j'appuie sur le frein pour retirer la position P (Park) :

A OUI

B NON

32

La principale cause d'éclatement d'un pneu est :

A le sur-gonflage

B le sous-gonflage

C l'usure

33

Pour établir un itinéraire, je programme mon GPS avant de démarrer :

A OUI

B NON

34

Le fait de disposer d'un système de freinage ABS me permet de freiner plus tard.

A OUI

B NON

35

C'est ici que je peux ajouter du liquide lave-glace :

A OUI

B NON

31 A / 32 B / 33 A / 34 B / 35 B

36

Dans les stations-services, les pistolets de distribution de carburant sont identifiables par un code couleur.

A OUI

B NON

37

Conduire en deçà des vitesses maximales autorisées permet :

A de moins polluer.

B de moins observer la circulation.

C d'économiser du carburant.

D d'être moins stressé.

38

En ville, rouler à 50 km/h en quatrième vitesse est économique.

A OUI

B NON

39

Pour ouvrir sa portière en toute sécurité, cette conductrice utilise la bonne main.

A OUI

B NON

40

Lors d'un démarrage à froid, la solution la moins polluante est de :

A faire chauffer le moteur à l'arrêt.

B rouler en douceur pendant quelques kilomètres.

36 A / 37 ACD / 38 A / 39 B / 40 B

Annexe 1

Les réglementations européennes

Annexe 2

Les panneaux d'indication
Les panneaux de direction
Les panneaux de danger
Les panneaux de priorité et d'intersection
Les panneaux de passage à niveau
Les panneaux d'interdiction
Les panneaux de fin d'interdiction
Les panneaux de stationnement
Les panneaux d'obligation
Les panneaux de fin d'obligation
Les panneaux temporaires
Les balises
Les idéogrammes
Les pannonceaux

Index

Annexes

Annexe 1

Les réglementations européennes

Malgré l'harmonisation des réglementations routières des États membres de l'Union européenne, des différences subsistent dans certains pays.

	pays	agglomération	hors agglomération	autoroute	alcoolémie
	Allemagne	50	100	130 (conseillé)	0,5 g/l
	Autriche	50	100	130	0,5 g/l et 0,1 g/l *
	Belgique	50	90	120	0,5 g/l
	Bulgarie	50	90	140	0,5 g/l
	Croatie	50	90	130	0,5 g/l
	Chypre	50	80	100	0,9 g/l
	Danemark	50	80	130	0,5 g/l
	Espagne	50	90	120	0,5 g/l et 0,3 g/l *
	Estonie	50	90	90	0,5 g/l
	Finlande	50	80	80	0,5 g/l
	France	50 80	90 110	130	0,5 g/l et 0,2 g/l *
	Grèce	50	90	130	0,5 g/l
	Hongrie	50	90	130	0,0 g/l

* nouveaux conducteurs

pays	agglomération	hors agglomération	autoroute	alcoolémie
Irlande	50	100	120	0,5 g/l
Italie	50	90	130	0,5 g/l
Lettonie	50	90		0,5 g/l
Lituanie	50	90	130	0,4 g/l
Luxembourg	50	90	130	0,8 g/l
Malte	50	80	80	0,8 g/l
Pays-Bas	50	80	120	0,5 g/l
Pologne	60	90	140	0,2 g/l
Portugal	50	90	120	0,5 g/l
Rep. Tchèque	50	90	130	0,0 g/l
Roumanie	50	90	130	0,0 g/l
BREXIT ~~Royaume-Uni~~	48 km/h	96 km/h	112 km/h	0,8 g/l
Slovaquie	50	90	130	0,0 g/l
Slovénie	50	90	130	0,5 g/l
Suède	50	70	110	0,2 g/l

Les panneaux d'indication

Parc de stationnement

Lieu aménagé pour le stationnement gratuit à durée limitée avec contrôle par disque

Parc de stationnement payant quel que soit le mode de perception de la taxe

Forêt facilement inflammable

Vitesse conseillée sur une section de route faisant l'objet d'une régulation des vitesses

Fin de vitesse conseillée

Station de taxis. Le stationnement est réservé aux taxis sur une étendue signalée par un marquage approprié

Arrêt d'autobus. Le stationnement est réservé aux autobus sur une étendue signalée par un marquage approprié

Indication d'un arrêt de tramway. Le stationnement est réservé aux tramways. Les autres usagers ne doivent pas dépasser un tramway pendant son arrêt

Indication d'un emplacement d'arrêt d'urgence. L'emplacement, constitué par un aménagement de l'accotement, est strictement réservé aux arrêts d'urgence

Circulation à sens unique

Chemin sans issue

Présignalisation d'un chemin sans issue

Présignalisation de la praticabilité de la route (position route ouverte)

Priorité par rapport à la circulation venant en sens inverse

Passage pour piétons sur chaussée

Indication d'une traversée de voies de tramways

Entrée d'un tunnel où il est interdit de faire demi-tour, de s'arrêter et de stationner en dehors des emplacements d'arrêt d'urgence et où l'allumage des feux de croisement est obligatoire

Indication des conditions particulières de circulation par voie sur la route suivie

Indication des conditions particulières de circulation par voie sur la route suivie

Indication des conditions particulières de circulation par voie sur la route suivie

Indication rappelant les limites de vitesse sur autoroute

Annonce d'une voie de détresse à droite

Les panneaux d'indication

Ralentisseur de type dos-d'âne

Indication de la réduction du nombre de voies sur une route à chaussées séparées ou sur un créneau de dépassement à chaussées séparées

Fin d'un créneau de dépassement à trois voies affectées

Indication de la réduction du nombre de voies sur une route à chaussées séparées ou sur un créneau de dépassement à chaussées séparées

Présignalisation d'un créneau de dépassement ou d'une section de route à chaussées séparées

Créneau de dépassement à trois voies affectées « deux voies dans un sens et une voie dans l'autre »

Section de route à trois voies affectées « une voie dans un sens et deux voies dans l'autre »

Indication de la fin d'un créneau de dépassement à trois voies affectées

Indications diverses

Présignalisation du début d'une section à péage. L'usager ne désirant pas prendre la section à péage doit changer de direction à l'intersection suivante.

Conditions particulières de circulation par voie sur la route suivie

Entrée dans une zone de rencontre

Indication de paiement par carte bancaire

Indication de paiement automatique par pièces de monnaie

Route pour automobiles. Ce signal annonce le début d'une section de route autre qu'une autoroute, réservée à la circulation automobile sur laquelle, sauf indication contraire, la vitesse maximale des véhicules est fixée à 110 km/h. Les dérogations sont portées à la connaissance des usagers par une signalisation appropriée

Fin de route pour automobiles

Aire piétonne. Début d'une zone affectée à la circulation des piétons. La circulation et le stationnement des véhicules automobiles sont réglementés

Fin d'aire piétonne : ce signal indique la fin des réglementations édictées par le panneau

Indication d'une piste ou bande cyclable conseillée et réservée aux cycles à deux ou trois roues

Indication de la fin d'une piste ou d'une bande cyclable conseillée et réservée aux cycles à deux ou trois roues

Début de section à statut autoroutier à laquelle correspondent des prescriptions particulières

Fin de section à statut autoroutier. Fin des prescriptions particulières relatives aux autoroutes

Les panneaux de direction

Panneau de position comportant une indication de distance

Panneau de position comportant une indication de distance

Panneau de position ne comportant pas d'indication de distance

Panneau de position destiné à signaler les lieux-dits et les fermes comportant ou non une indication de distance

Panneau de position destiné à signaler les lieux-dits et les fermes comportant ou non une indication de distance

Panneau de signalisation avancée de sortie non numérotée

Panneau de signalisation avancée de bifurcation autoroutière

Panneau de signalisation avancée de bifurcation autoroutière

Panneau de signalisation avancée de bifurcation autoroutière

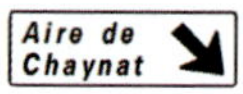

Panneau de signalisation avancée d'aire sur route

Panneau de signalisation avancée d'aire sur autoroute

Panneau de signalisation avancée d'affectation de voies de sortie numérotée

Panneau de signalisation avancée d'affectation de voies de sortie non numérotée

Panneau de signalisation avancée d'affectation de voies de sortie non numérotée

Panneau de signalisation avancée d'affectation de voies de sortie non numérotée

Panneau de signalisation avancée d'affectation de voies de bifurcation autoroutière

Panneau de signalisation avancée d'affectation de voie d'entrée d'aire sur route

Panneau de signalisation avancée d'affectation de voie d'entrée d'aire sur autoroute

Panneau de présignalisation de sortie numérotée

Panneau de présignalisation de sortie numérotée

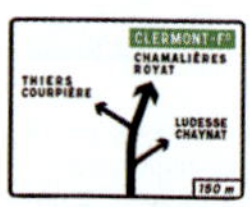

Panneau de présignalisation diagrammatique des carrefours complexes

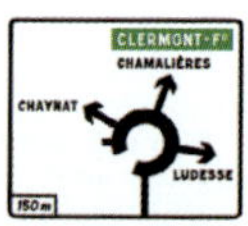

Panneau de présignalisation diagrammatique des carrefours à sens giratoire

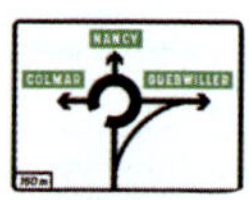

Panneau de présignalisation diagrammatique des carrefours à sens giratoire

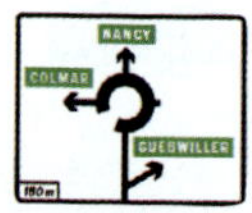

Panneau de présignalisation diagrammatique des carrefours à sens giratoire

Panneau de présignalisation d'affectation de voies de sortie numérotée

Panneau de présignalisation d'affectation de voies de sortie non numérotée

Panneau de présignalisation d'affectation de voies de bifurcation autoroutière

Panneau de présignalisation d'affectation de voies de sortie non numérotée

Panneau de présignalisation d'affectation de voies de bifurcation autoroutière

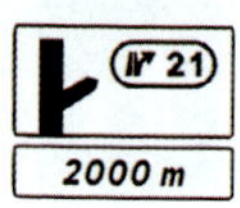

Panneau d'avertissement de sortie simple

Les panneaux de direction

Panneau d'avertissement de sortie simple donnant également accès à une aire de service ou de repos

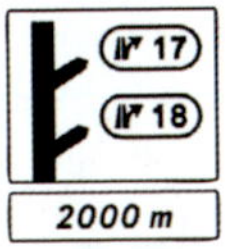

Panneau d'avertissement de sorties rapprochées

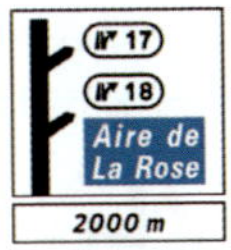

Panneau d'avertissement de sorties rapprochées dont l'une donne également accès à une aire de service ou de repos

Panneau d'avertissement de bifurcation autoroutière simple

Panneau d'avertissement de bifurcation autoroutière et de sortie rapprochée

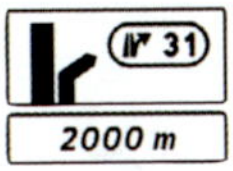

Panneau d'avertissement de sortie avec affectation de voies

Panneau d'avertissement de sortie donnant également accès à une aire de service ou de repos, avec affectation de voie

Panneau d'avertissement de bifurcation autoroutière avec affectation de voies

Panneau de confirmation courante utilisé sur route

Panneau de confirmation courante utilisé sur autoroute

Panneau de confirmation de filante utilisé sur route à chaussées séparées

Panneau de confirmation de filante utilisé sur autoroute

Panneau de confirmation de filante avec flèche(s) d'affectation verticale(s), utilisé sur autoroute

Panneau de confirmation de filante avec flèche(s) d'affectation coudée(s), utilisé sur autoroute

Panneau de confirmation de la prochaine sortie

Panneau de confirmation de la prochaine bifurcation autoroutière

Panneau de fin d'itinéraire «S»

Panneau de fin d'itinéraire «Bis»

Panneau de signalisation de sortie destiné à informer l'usager des destinations desservies par la prochaine sortie

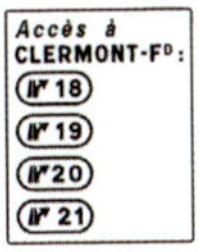

Panneau de signalisation complémentaire des différentes sorties desservant une agglomération

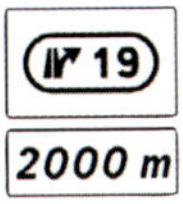

Panneau de présignalisation complémentaire de sortie

Panneau de signalisation complémentaire d'itinéraire « S »

Panneau de signalisation complémentaire d'itinéraire « Bis »

Annexe 2

Les panneaux de danger

Virage à droite

Virage à gauche

Succession de virages dont le premier est à droite

Succession de virages dont le premier est à gauche

Cassis ou dos-d'âne

Ralentisseur de type dos-d'âne

Chaussée rétrécie

Chaussée rétrécie par la droite

Chaussée rétrécie par la gauche

Chaussée particulièrement glissante

Pont mobile

Passage à niveau muni de barrières à fonctionnement manuel lors du passage des trains

Passage à niveau sans barrière ni demi-barrière

Traversée de voies de tramways

Endroit fréquenté par les enfants

Passage pour piéton

Autres dangers. (La nature du danger pouvant ou non être précisée par un panonceau)

Passage d'animaux domestiques

Passage d'animaux domestiques

Passage d'animaux sauvages

Passage de cavaliers

Descente dangereuse

Annonce de feux tricolores

Circulation dans les deux sens

Risque de chutes de pierres ou de présence sur la route de pierre tombées

Débouché sur un quai ou une berge

Débouché de cyclistes venant de droite ou de gauche

Traversée d'une aire de danger aérien

Vent latéral

Les panneaux de priorité et d'intersection

Intersection où le conducteur est tenu de céder le passage aux véhicules débouchant de la ou des routes situées à sa droite

Intersection avec une route dont les usagers doivent céder le passage

Cédez le passage à l'intersection (Signal de position)

Cédez le passage à l'intersection

Arrêt à l'intersection dans les conditions définies à l'article R. 27 du code de la route - (Signal de position)

Arrêt à l'intersection

Indication du caractère prioritaire d'une route

Fin du caractère prioritaire d'une route

Carrefour à sens giratoire

Les panneaux de passage à niveau

Signalisation de position, d'une part, des passages à niveau à une voie sans barrière ni demi-barrière et non munis de signalisation automatique et, d'autre part, des aires de danger aérien où les mouvements d'avions à basse altitude constituent un danger

Signalisation de position des passages à niveau à une voie munis d'une signalisation automatique lumineuse et sonore sans barrière ni demi-barrière

Signalisation de position des passages à niveau à plusieurs voies sans barrière ni demi-barrière et non munis de signalisation automatique

Signalisation de position des passages à niveau à plusieurs voies munis d'une signalisation automatique lumineuse et sonore sans barrière ni demi-barrière

Signalisation de position, d'une part, des passages à niveau à une voie sans barrière ni demi-barrière et non munis de signalisation automatique et, d'autre part, des aires de danger aérien où les mouvements d'avions à basse altitude constituent un danger

Signalisation de position des passages à niveau à une voie munis d'une signalisation automatique lumineuse et sonore sans barrière ni demi-barrière

Signalisation de position des passages à niveau à plusieurs voies sans barrière ni demi-barrière et non munis de signalisation automatique

Signalisation de position des passages à niveau à plusieurs voies munis d'une signalisation automatique lumineuse et sonore sans barrière ni demi-barrière

Les panneaux d'interdiction

Circulation interdite dans les deux sens

Sens interdit à tout véhicule

Interdiction de tourner à gauche à la prochaine intersection

Interdiction de tourner à droite à la prochaine intersection

Interdiction de faire demi-tour sur une route suivie jusqu'à la prochaine intersection

Interdiction de dépasser tous les véhicules à moteur autres que ceux à deux roues sans side-car

Interdiction aux véhicules dont le poids total autorisé en charge est supérieur à 3,5 t, de dépasser tous les véhicules à moteur autres que ceux à deux roues sans side-car

Arrêt au poste de douane

Arrêt au poste de gendarmerie

Arrêt au poste de police

Arrêt au poste de péage

Accès interdit aux véhicules à moteur à l'exception des cyclomoteurs

Accès interdit à tous les véhicules à moteur

Accès interdit aux véhicules affectés au transport de marchandises

Accès interdit aux piétons

Accès interdit aux cycles

Accès interdit aux véhicules à traction animale

Accès interdit aux véhicules agricoles à moteur

Accès interdit aux voitures à bras à l'exclusion de celles visées à l'article R.217 du code de la route

Accès interdit aux véhicules de transport en commun de personnes

Accès interdit aux cyclomoteurs

Accès interdit aux véhicules, véhicules articulés, trains doubles ou ensemble de véhicules dont la longueur est supérieure au nombre indiqué

Accès interdit aux véhicules dont la largeur, chargement compris, est supérieure au nombre indiqué

Accès interdit aux véhicules dont la hauteur, chargement compris, est supérieure au nombre indiqué

Les panneaux d'interdiction

Accès interdit aux véhicules, véhicules articulés, trains doubles ou ensemble de véhicules dont le poids total autorisé en charge excède le nombre indiqué

Accès interdit aux véhicules pesant sur un essieu plus que le nombre indiqué

Limitation de vitesse. Ce panneau notifie l'interdiction de dépasser la vitesse indiquée

Cédez le passage à la circulation venant en sens inverse

Signaux sonores interdits

Interdiction aux véhicules de circuler sans maintenir entre eux un intervalle au moins égal au nombre indiqué

Accès interdit aux véhicules transportant plus d'une certaine quantité de produits explosifs ou facilement inflammables

Accès interdit aux véhicules transportant plus d'une certaine quantité de produits de nature à polluer les eaux

Accès interdit aux véhicules transportant des matières dangereuses et signalées comme tels

Autres interdictions dont la nature est indiquée par une inscription sur le panneau

Sens interdit (bretelle d'accès d'autoroute et de voies à chaussées séparées)

Les panneaux de fin d'interdiction

Fin de toutes interdictions précédemment signalées, imposées aux véhicules en mouvement

Fin de limitation de vitesse

Fin d'interdiction de dépasser

Fin d'interdiction de dépasser

Fin d'interdiction de l'usage de l'avertisseur sonore

Fin d'interdiction dont la nature est indiquée sur le panneau

Les panneaux de stationnement

Stationnement interdit

Stationnement interdit
du 1er au 15 du mois

Stationnement interdit
du 16 à la fin du mois

Arrêt et stationnement
interdits

Entrée d'une zone
à stationnement unilatéral
à alternance semi-mensuelle

Entrée d'une zone à stationnement de durée limitée, avec contrôle par disque

Entrée d'une zone
à stationnement payant

Entrée d'une zone
à stationnement unilatéral
à alternance semi-mensuelle
et à durée limitée

Entrée d'une zone à stationnement unilatéral à alternance semi-mensuelle et à durée limitée, avec contrôle par disque

Entrée d'une zone
à stationnement interdit

Sortie de zone
à stationnement interdit

Sortie de zone
à stationnement unilatéral
à alternance semi-mensuelle

Sortie de zone à stationnement de durée limitée, avec contrôle par disque

Sortie de zone
à stationnement payant

Sortie de zone à stationnement unilatéral à alternance semi-mensuelle et à durée limitée, avec contrôle par disque

Les panneaux d'obligation

Obligation de tourner à droite avant le panneau

Obligation de tourner à gauche avant le panneau

Contournement obligatoire par la droite

Contournement obligatoire par la gauche

Direction obligatoire à la prochaine intersection : tout droit

Direction obligatoire à la prochaine intersection : à droite

Direction obligatoire à la prochaine intersection : à gauche

Directions obligatoires à la prochaine intersection : tout droit ou à droite

Directions obligatoires à la prochaine intersection : tout droit ou à gauche

Directions obligatoires à la prochaine intersection : à droite ou à gauche

Piste ou bande obligatoire pour les cyclistes sans side-car ou remorque

Chemin obligatoire pour les piétons

Chemin obligatoire pour les cavaliers

Vitesse minimale obligatoire

Chaînes à neige obligatoires sur au moins deux roues motrices

Voie réservée aux véhicules des services réguliers de transport en commun

Voie réservée aux tramways

Autres obligations dont la nature est mentionnée par une inscription sur le panneau

Les panneaux de fin d'obligation

Fin de piste ou bande obligatoire pour cycle

Fin de chemin obligatoire pour piétons

Fin de chemin obligatoire pour cavaliers

Fin de vitesse minimale obligatoire

Fin de l'obligation de l'usage des chaînes à neige

Fin de voie réservée aux transports en commun réguliers

Fin de voie réservée aux tramways

Fin d'obligation dont la nature est mentionnée par une inscription sur le panneau

Les panneaux temporaires

Cassis, dos-d'âne

Chaussée rétrécie

Chaussée glissante

Travaux

Autres dangers

Annonce de signaux lumineux réglant la circulation

Projection de gravillons

Fanion. Signalisation d'un obstacle temporaire de faible importance

Barrage. Signalisation de position de travaux ou de tout autre obstacle de caractère temporaire

Dispositif conique. Signalisation de position des limites d'obstacles temporaires

Piquet. Signalisation de position des limites d'obstacles temporaires

Balise d'alignement. Signalisation de position des limites d'obstacles temporaires

Balise de guidage

Barrière. Signal de position d'une déviation ou d'un rétrécissement temporaire de chaussée

Piquet mobile. Signal servant à régler manuellement la circulation

Signal de délimitation de chantier

Indication de chantier important ou de situations diverses

Indication de chantier important ou de situations diverses

Indication de chantier important ou de situations diverses

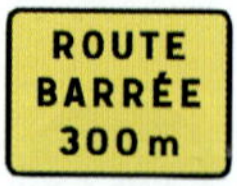

Présignalisation de changement de chaussée

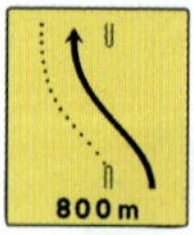

Présignalisation de changement de chaussée

Présignalisation de changement de chaussée

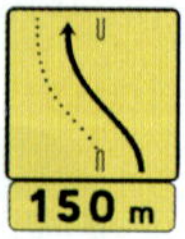

Présignalisation de changement de chaussée

Affectation des voies

Les panneaux temporaires

Annonce de la réduction du nombre de voies laissées libres à la circulation sur route à chaussées séparée

Annonce de la réduction du nombre de voies laissées libres à la circulation sur route à chaussées séparée

Annonce de la réduction du nombre de voies laissées libres à la circulation sur route à chaussées séparée

Annonce de la réduction du nombre de voies laissées libres à la circulation sur route à chaussées séparée

Annonce de la réduction du nombre de voies laissées libres à la circulation sur route à chaussées séparée

Annonce de la réduction du nombre de voies laissées libres à la circulation sur route à chaussées séparée

Direction de déviation avec mention de la ville

Direction de déviation avec mention de la ville

Direction de déviation

Présignalisation de déviation

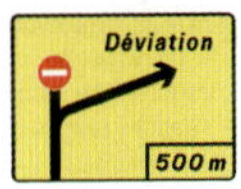

Présignalisation de l'origine d'un itinéraire de déviation

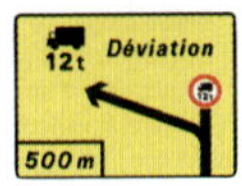

Présignalisation de l'origine d'un itinéraire de déviation catégorielle

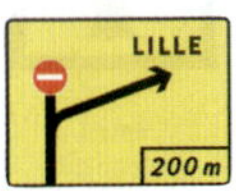

Présignalisation de l'origine d'un itinéraire de déviation

Présignalisation de l'origine d'un itinéraire de déviation catégorielle

Présignalisation courante de déviation

Présignalisation courante de déviation catégorielle

Présignalisation courante de déviation avec mention de la ville

Présignalisation courante de déviation catégorielle avec mention de la ville

Fin de déviation

Fin de déviation

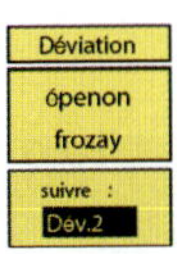

Signalisation complémentaire d'un itinéraire de déviation

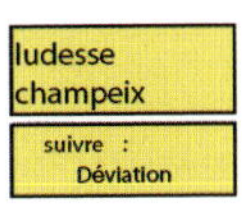

Signalisation complémentaire d'un itinéraire de déviation

Indique la longueur de la section dangereuse ou soumise à réglementation ou visée par l'indication

Signaux tricolores d'alternat temporaire

Les balises

Balise des virages

Signalisation de position des intersections de routes

Balise des virages

Balise des virages

Signalisation des nez d'îlots séparateurs

Délinéateur. Balisage des limites de chaussées

Manche à air. Balise indiquant l'endroit où souffle fréquemment un vent latéral violent ainsi que l'intensité et la direction de celui-ci

Balises pour passage à niveau, de couleur blanche elle comporte une à trois bandes rouges obliques.

Dispositif de renforcement d'un marquage permanent en divergent, de couleur verte.

Balise de signalisation d'obstacle, comporte des bandes obliques alternativement bleues et blanches

Balise de musoir, signalant la divergence des voies, en forme de chevron de couleur blanche sur fond vert

Balise de musoir, signalant la divergence des voies, en forme de chevron de couleur blanche sur fond vert

Les idéogrammes

Aéroport

Hôpital ou clinique assurant les urgences

Hôpital ou clinique n'assurant pas les urgences

Poste d'appel d'urgence

Poste d'appel téléphonique

Relais d'information service

Installation accessible aux handicapés physiques

Terrain de camping pour tentes

Terrain de camping pour caravanes

Auberge de jeunesse

Emplacement pour pique-nique

Point de départ d'un itinéraire d'excursions à pied

Hôtel

Restaurant

Voie verte (réservée à la circulation des piétons et des véhicules non motorisés)

Signal annonçant une zone où la vitesse est contrôlée par un ou des radars automatiques

Les panonceaux

Indique la longueur de la section comprise entre le signal et le début du passage dangereux

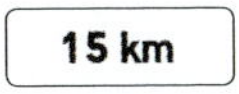

Indique la longueur de la section dangereuse

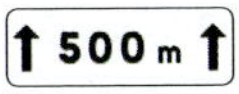

Indique la longueur de la section comprise entre le signal et le début du passage dangereux

Indique la longueur de la section dangereuse

Indique la position ou la direction de la voie concernée par le signal

Indique la position ou la direction de la voie concernée par le signal

Désigne les véhicules dont le poids total autorisé en charge est inférieur à 3,5 tonnes

Désigne les véhicules de transport en commun de personnes

Désigne les cycles

Désigne les cyclomoteurs

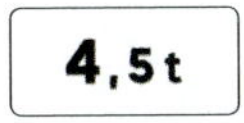

Désigne les véhicules dont le poids total autorisé en charge autorisé excède le nombre indiqué

Désigne les véhicules affectés au transport de marchandises

Désigne les véhicules dont le poids total autorisé en charge excède le nombre indiqué

Désigne les véhicules pesant sur un essieu plus que le nombre indiqué

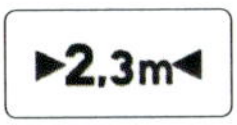

Désigne les véhicules dont la largeur, chargement compris, est supérieure au nombre indiqué

Désigne les véhicules tractant une caravane ou remorque dont le poids total n'excède pas 3,5 tonnes

Indique la distance comprise entre le signal et l'endroit où le conducteur doit marquer l'arrêt

Indique que le stationnement est payant avec parcmètre

Indique que le stationnement est payant avec parcmètre

Donne des précisions concernant l'interdiction

Représente l'intersection qui va être abordée

Représente l'intersection qui va être abordée

Indique que la section sur laquelle s'applique la prescription s'étend de part et d'autre du panneau

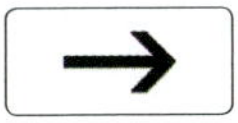

Indique que la section sur laquelle s'applique la prescription s'étend de part et d'autre du panneau

Indique que la section sur laquelle s'applique la prescription s'étend dans le sens indiqué par la flèche

Indique que la section sur laquelle s'applique la prescription s'étend dans le sens indiqué par la flèche

Indique que la section sur laquelle s'applique la prescription s'étend dans le sens indiqué par la flèche

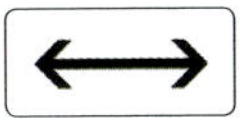

Indique que la section sur laquelle s'applique la prescription s'étend dans les sens indiqués par les flèches

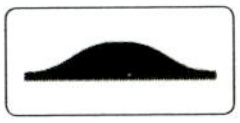

Indique que le passage piéton est surélevé

Index

D

E

F

Index

R

S

Index

Notes

Si Patrouille sur BAU

emprunter voie no 2 sur Autoroute

retrait de points 135 € d'Amende

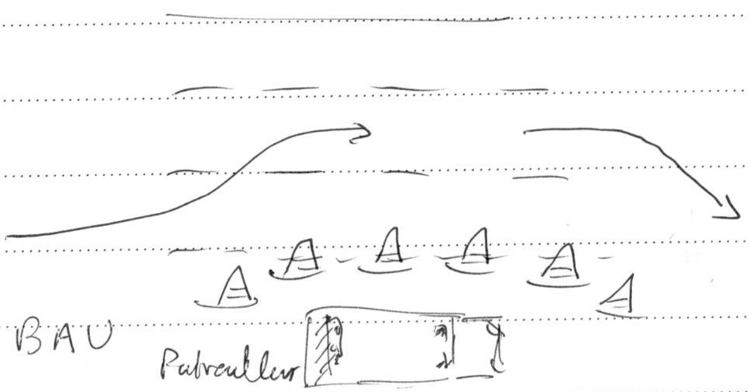

Notes

Notes

Notes

Notes

Crédits photographiques

Toutes les photos sont de Mindscape.
Sauf : celles de Sylla Grinberg pour les p. 61, p. 69 (m et b), p. 71, p. 82 (m et b), p. 83 (h et bd), p. 87, p. 205 (m et b), p. 213 (b), p. 222 (m et b), p. 223 (hd, mg, bg) ; celles de Sacha Kleinberg pour les p. 65 (h), p. 207 (b) ; celle des Archives AP-HP p. 73 (b) ; celle de J-P Porcher-CRF p. 79 (b) ; celles de DSCR-F. Cepas p. 77 (m), p. 86, p. 89 ; celles de T. Orval : dans le livret : p. 3 à p. 9 les questions 5, 9, 17, 18, 19, 20, 21, 27, 30, 31, 36, 37, 38, 39, 40, 41, 42 et toutes les photos des p. 11 à p. 26 ; dans le code : p. 47 (m) ; p. 51 (m, b) ; p. 53 (h, b) ; p. 56 : (hd, md, bg) ; p. 57 : (h, mg, bd) ; p. 63 (h, m) ; p. 65 (b) ; p. 83 (h) ; p. 86 : (m) ; p. 87 : (hg, md) ; p. 88 : (hg, bg) ; p. 89 : (h, mg) ; p. 105 : (h) ; p. 134 : (m, bg) ; p. 135 : (hd) ; p. 136 : (hg, m) ; p. 137 : (hd) ; p. 138 : (m, bd) ; p. 139 : (hd, md) ; p. 159 (m) ; p. 167 (h) ; p. 169 (h) ; p. 187 (h, m, b) ; p. 188 : (mg, bd) ; p. 189 : (hd, bg) ; p. 190 : (h) ; p. 191 : (m, bd) ; p. 195 : (hd, md) ; p. 199 (h, m, b) ; p. 201 (m) ; p. 203 (m,b), p. 207 (m, b) ; p. 211 (m) ; p. 125 (h) ; p. 217 (m) ; p. 226 : (hg, mg, b) ; p. 227 : (hd, m, bd) ; p. 231 (h, m, b) ; p. 233 (h, m, b) ; p. 237 (h, m, b) ; p. 239 (h, m, b) ; p. 243 (h, m, b) ; p. 245 (h, m, b) ; p. 246-247 : toutes les photos.

MIXTE
Papier issu de sources responsables
FSC® C022030
www.fsc.org

N° projet : 10259238-ALINEA
Dépôt légal : janvier 2020
Imprimé en France
par la Société Nouvelle Clerc (18)